Snežana Stefanović

Serbisch
Kyrillisch lernen

Lehrbuch

3. Ausgabe

Serbisch lernen

Impressum:

https://www.serbisch-lernen.com

ISBN: 978-3757951252

Herstellung und Druck über tolino media GmbH & Co. KG,
Albrechtstr. 14, 80636 München. Printed in Germany.
Fragen zu Produktsicherheit an: gpsr@tolino.media.

SADRŽAJ – САДРЖАЈ

Vorwort

Das Buch „Serbisch Kyrillisch lernen“ ist ein Lehrbuch zum Lernen der kyrillischen Schrift, die in ihren drei Formen in Serbien in Gebrauch ist: als Blockschrift – *štampana slova,* als Blockschrift in Kursiv – *štampana kosa slova,* und als Schreibschrift – *pisana slova.*

Das Lehrbuch enthält didaktisch konzipierte Übungen: Die Buchstaben in kyrillischer Schrift werden gruppenweise geübt und durch Schreib- und Leseübungen und kurze Texte in Dialog- und Erzählform gefestigt. Von der Sprachstufe her sind Texte und Übungen auf der Sprachstufe A1 geschrieben. Die anspruchsvolleren Textpassagen kann man mithilfe der deutschen Übersetzungen problemlos verstehen. Wörter, die keine Übersetzung haben, lassen sich – wegen der Ähnlichkeit mit deutschen Wörtern – ebenso leicht verstehen.

Am Buchende befinden sich die Lösungen zu den Übungen. Die längere Textübungen sind auch ins Deutsche übersetzt und befinden sich ebenfalls am Buchende unter „Lösungen“.

1. lekcija

a) Alphabet in Lateinschrift – latinica

Serbisch wird ab 2006 offiziell in der kyrillischen Schrift geschrieben, aber die lateinische Schrift wird sowohl in der Schule gelernt als auch in den Medien, in der öffentlichen Verwaltung und der öffentlichen Beschilderung verwendet.

Da das Buch „Serbisch Kyrillisch lernen“ für die Sprachstufe A1 vorgesehen ist, ist es nützlich – bevor Kyrillisch gelernt wird – das Alphabet mit serbischen Lauten zu kennen bzw. zu lernen. Also zuerst ein Überblick des Alphabets in Lateinschrift.

Typische serbische Laute/Buchstaben sind: Č, Ć, Đ, DŽ, Lj, Nj, Š, Ž.

Davon sind im deutschsprachigen Raum bereits einige Laute geläufig wie: Č (tsch), Nj (wie in *Ko**nj**uktiv*) und Š (sch).

A, a	**B, b**	**C, c** = z (wie **Z**entrum)	**Č, č** = tsch (wie **Tsch**echisch)	**Ć, ć** = t+j (wie *ital.* **Ci**ao!)
D, d	**Đ, đ** = d+j (wie **Ge**nova)	**Dž, dž** = *wie engl.* j – **J**ohn	**E, e**	**F, f**
G, g	**H, h**	**I, i**	**J, j**	**K, k**
L, l	**Lj, lj** = l+j (wie *slo.* **Lj**ub**lj**ana)	**M, m**	**N, n**	**Nj, nj** = n+j (wie Ko**nj**uktiv)
O, o	**P, p**	**R, r**	**S, s** = ß (wie Ro**ß**)	**Š, š** = sch (wie **Sch**ule)
T, t	**U, u**	**V, v** = w (wie. **W**ien)	**Z, z** = s (wie. le**s**en, **s**ummen)	**Ž, ž** = j (wie *fr.* **J**ournal)

b) Alphabet im Kyrillischen – ćirilica

Die kyrillische Schrift – **ćirilica** – hat drei Arten von Buchstaben:

1) Blockschrift – *štampana slova*

2) Blockschrift in Kursiv – *štampana kosa slova*

3) Schreibschrift – *pisana slova.*

Ad 1)

Die **Blockschrift** – *štampana slova* wird in gedruckten Unterlagen verwendet – Bücher, Zeitungen usw. – und man verwendet sie beim Schreiben generell nicht.

Ad 2)

Wenn man die **Blockschrift in Kursiv** – *štampana kosa slova* schreibt, gibt es ein paar Unterschiede zur Blockschrift: bei fünf Buchstaben und zwar nur kleingeschrieben.

Ad 3)

Beim Schreiben verwendet man **Schreibschrift** – *pisana slova.* Der Unterschied zwischen Schreibschrift und Blockschrift besteht in nur sechs Buchstaben.

In der Schule – und auch in diesem Buch – lernt man zuerst Blockschrift, dann Blockschrift in Kursiv und abschließend Schreibschrift.

Blockschrift – *štampana slova*

A a = А а	Dž dž = Џ џ	I i = И и	N n = Н н	Š š = Ш ш
B b = Б б	Đ đ = Ђ ђ	J j = Ј ј	Nj nj = Њ њ	T t = Т т
C c = Ц ц	E e = Е е	K k = К к	O o = О о	U u = У у
Č č = Ч ч	F f = Ф ф	L l = Л л	P p = П п	V v = В в
Ć ć = Ћ ћ	G g = Г г	Lj lj = Љ љ	R r = Р р	Z z = З з
D d = Д д	H h = Х х	M m = М м	S s = С с	Ž ž = Ж ж

Das Alphabet – die Buchstabenreihe -, das in Serbien in Gebrauch ist, heißt „**azbuka**" und hat eine andere Reihenfolge als die des lateinischen Alphabets:

a, b, v, g, d, đ, e, ž, z, i, j, k, l, lj, m, n, nj, o, p, r, s, t, ć, u, f, h, c, č, dž, š

In unserem Buch wird keine „**azbuka**" verwendet, sondern die Reihenfolge der Buchstaben wie im lateinischen Alphabet. Der Grund ist das Lernen des Kyrillischen zu erleichtern. Die Buchstaben in der Reihenfolge von „**azbuka**" zu nutzen, spielt eine Rolle, wenn man in einem Serbisch-Serbisch-Wörterbuch nachschlägt, wo die Buchstabenreihe in Azbuka-Reihenfolge vorgegeben ist. Nun kommt die Verwendung eines Serbisch-Serbisch-Wörterbuchs in der Regel bei höheren Sprachstufen zum Einsatz, nicht am Anfang des Serbisch Lernens.

2. lekcija

Buchstaben a, o, e, m, t, k, j

Blockschrift – *štampana slova*

A a = А а	Dž dž = Џ џ	I i = И и	N n = Н н	Š š = Ш ш
B b = Б б	Đ đ = Ђ ђ	J j = Ј ј	Nj nj = Њ њ	T t = Т т
C c = Ц ц	E e = Е е	K k = К к	O o = О о	U u = У у
Č č = Ч ч	F f = Ф ф	L l = Л л	P p = П п	V v = В в
Ć ć = Ћ ћ	G g = Г г	Lj lj = Љ љ	R r = Р р	Z z = З з
D d = Д д	H h = Х х	M m = М м	S s = С с	Ž ž = Ж ж

Wie du schon bemerkt hast, gibt es sieben Buchstaben, die ähnlich sind wie im Deutschen:
А а, О о, Е е, М м, Т т, К к, Ј ј

Es folgen ein paar Übungen mit nur diesen Buchstaben.

1. Schreibe auf Kyrillisch und lies laut! – Napiši na ćirilici i čitaj glasno!

mama (*Mama*) =

tata (*Papa*) =

jako (*sehr)* =

tamo (*dort)* =

ako (*wenn, falls)* =

tek (*erst, gerade)* =

koje (*welches)* =

kome (*wem)* =

je (*ist*) =

meta (*Zielscheibe)* =

tako (*so)* =

kako (*wie)* =

jaje (*Ei)* =

ja (*ich*) =

ko (*wer*) =

moj (*mein*) =

koja (*welche)* =

jeka (*Echo)* =

moja (*meine*) =

tama (*Dunkelheit)* =

kej (*Kai*) =

kajak (*Kajak*) =

motka (*Stab, Stange)* =

mek (*weich)* =

jato (*Schwarm)* =

tok (*Lauf, Verlauf)* =

jama (*Grube)* =

mak (*Mohn)* =

2. Schreibe auf Kyrillisch und lies laut! – Napiši na ćirilici i čitaj glasno!

Mama =

Papa =

Wie? =

So. =

sehr =

dort =

ich =

Wer? =

mein =

Kai =

Welches? =

Welche? =

Wem? =

wenn, falls =

erst, gerade =

Ei =

3. Schreibe auf Kyrillisch und lies laut! – Napiši na ćirilici i čitaj glasno!

Persönliche Namen:

Tomo =

Momo =

Mato =

Tom =

Kata =

Matej =

Maja =

Kaja =

4. Schreibe auf Kyrillisch und lies laut! – Napiši na ćirilici i čitaj glasno!

Kaja je mama. (*Kaja ist eine Mama.*) =

Ko je tata? (*Wer ist der Papa?*) =

Tomo je tata. (*Tomo ist der Papa.*) =

Kako je Maja? (*Wie geht es Maja?*) =

Ko je Momo? (*Wer ist Momo?*) =

Moj kajak je mek. (*Mein Kajak ist weich.*) =

Moja Kata je tamo. (*Meine Kata ist dort.*) =

Koja Maja? (*Welche Maja?*) =

3. lekcija

Buchstaben r, d, b, g

Markiere Buchstaben, die du schon kennst! – Obeleži slova koja već poznaješ!

A a = A a	Dž dž = Џ џ	I i = И и	N n = Н н	Š š = Ш ш
B b = Б б	Đ đ = Ђ ђ	J j = J j	Nj nj = Њ њ	T t = Т т
C c = Ц ц	E e = E e	K k = К к	O o = O o	U u = У у
Č č = Ч ч	F f = Ф ф	L l = Л л	P p = П п	V v = В в
Ć ć = Ћ ћ	G g = Г г	Lj lj = Љ љ	R r = P p	Z z = З з
D d = Д д	H h = X x	M m = M м	S s = C c	Ž ž = Ж ж

Weitere Buchstaben, die gelernt werden, sind:

Lateinschrift	R r	D d	B b	G g
Kyrillisch Blockschrift	**P p**	**Д д**	**Б б**	**Г г**

1. Schreibe auf Kyrillisch und lies laut! – Napiši na ćirilici i čitaj glasno!

komet (*Komet*) = комет

gde (*wo*) =

Beograd =

tada (*dann*) =

draga (*Liebste*) =

dama (*Dame*) =

drama =

grad (*Stadt*) =

koga (*wen*) = кога

taj (*dieser*) =

deda (*Opa*) =

more (*Meer*) =

beba (*Baby*) =

kada (*wenn*) =

treba (braucht) =

kratak (*kurz - maskulin*) =

kome (*wem*) =

metar =

boem (*Bohemien*) =

toga (*diesen*) =

boja (*Farbe*) =

gaj (*Hain*) =

magma (*Ergussgestein*) =

jod (*Jod*) =

gora (*Berg*) =

geg (*Gag)* =

Tara =

bor (*Tanne*) =

tera =

domet (Reichweite) =

deo (*Teil*) =

jad (*Elend*) =

tome (*diesem*) =

rado (*gerne*) =

bager (*Bagger*) =

ideja (*Idee*) =

baba (*Oma*) =

aerodrom (*Flughafen*) =

dobar (*gut*) =

ker (*Hund*) =

Kaja =

dok (*während*) =

obrok (*Portion*) =

Mara =

Bog (*Gott*) =

doba (*Jahreszeit*) =

beta =

Dara =

tema (*Thema*) =

rok (*Frist*) =

mrak (*Finsternis*) =

grm (*Busch*) =

batak (*Keule*) =

kratka (*kurz – feminin*)

Magda =

to (*das*) =

2. Schreibe in Lateinschrift und lies laut! – Napiši na latinici i čitaj glasno!

мама, тата, баба, деда (*Mama, Papa, Oma, Opa*) =

мој аеродром (*mein Flughafen*) =

моја тема (*mein Thema*) =

моја беба (*mein Baby*) =

кратка драма (*ein Kurzdrama*) =

То је мој оброк. (*Das ist meine Essensportion.*) =

Дара треба море. (*Dara braucht das Meer.*) =

Београд је мој град. (*Belgrad ist meine Stadt.*) =

Како је мама? (*Wie geht es der Mama?*) =

Како је тата? (*Wie geht es dem Papa?*) =

Где је Мара? (*Wo ist Mara?*) =

3. Schreibe auf Kyrillisch und übersetze! – Napiši na ćirilici i prevedi!

Draga! Kako si?

____

Ja sam dobro.

____

Kako je beba?

____

Gde je moj tata?

____

To je dobra ideja.

____

Gde je more?

____

Tamo je more.

____

Gde je Mara?

____

Ko to treba?

____

Ja to trebam.

____

Buchstaben h, l, u

Markiere Buchstaben, die du schon kennst! – Obeleži slova koja već poznaješ!

A a = А а	Dž dž = Џ џ	I i = И и	N n = Н н	Š š = Ш ш
B b = Б б	Đ đ = Ђ ђ	J j = Ј ј	Nj nj = Њ њ	T t = Т т
C c = Ц ц	E e = Е е	K k = К к	O o = О о	U u = У у
Č č = Ч ч	F f = Ф ф	L l = Л л	P p = П п	V v = В в
Ć ć = Ћ ћ	G g = Г г	Lj lj = Љ љ	R r = Р р	Z z = З з
D d = Д д	H h = Х х	M m = М м	S s = С с	Ž ž = Ж ж

Jetzt üben wir die weiteren Buchstaben:

Lateinschrift	H h	L l	U u
Kyrillisch Blockschrift	**Х х**	**Л л**	**У у**

1. Schreibe auf Kyrillisch und lies laut! – Napiši na ćirilici i čitaj glasno!

hotel (*Hotel*) =

mleko (*Milch*) =

tu (*hier*) =

luk (*Zwiebel*) =

hrabar (*tapfer*) =

rame (*Schulter*) =

guma (*Gummi*) =

rum (*Rum*) =

hala (*Halle*) =

duga (*Regenbogen*) =

let (*Flug*) =

lekar (*Arzt*) =

kuda (*wohin*) =

led (*Eis*) =

Ratko =

lakat (*Ellbogen*) =

beo (*weiß*) =

mera (*Maß*) =

u (*in*) =

kula (*Turm*) =

dur (*Dur*) =

klub (*Club*) =

lama (*Lama*) =

lutka (*Puppe*) =

buka (*Lärm)* =

Goga =

rub (*Rand*) =

bubamara (*Marienkäfer*) =

duh (*Geist*) =

rat (*Krieg*) =

mol (*Moll*) =

Ula =

hram (*Tempel*) =

Homer =

lom (*Bruch*) =

hod (*Gang*) =

roda (*Storch*) =

lug (*Auenwald*) =

lira (*Lyra*) =

letak (*Flugschrift*) =

2. Schreibe auf Kyrillisch und lies laut! – Napiši na ćirilici i čitaj glasno!

Lara je moja beba. (*Lara ist mein Baby.*) =

To je jako dobar hotel. (*Das ist ein sehr gutes Hotel.*) =

Tu je bela kula. (*Hier ist der weiße Turm.*) =

Moj lakat je kratak. (*Mein Ellbogen ist kurz.*) =

Mleko je belo. (*Milch ist weiss.*) =

Boba je mala. (*Boba ist klein.*) =

Moj lekar je dobar. (*Mein Arzt ist gut.*) =

Moj tata je hrabar. (*Mein Papa ist mutig.*) =

Moja lutka je meka. (*Meine Puppe ist weich.*)

Ko je ta dama? (*Wer ist diese Dame?*) =

Gde je luk? (*Wo ist die Zwiebel?*) =

Gde je klub? (*Wo ist der Club?*) =

Kuda? – Tamo. (*Wohin? – Dorthin.*) =

Kako je Bora? (*Wie geht es Bora?*) =

Gde je rum? (*Wo ist Rum?*) =

Ratko je u hotelu. (*Ratko ist im Hotel.*) =

Ta ideja je dobra i hrabra. (*Diese Idee ist gut und mutig.*) =

Gora Tara je mala? (*Der Berg Tara ist klein?*) =

Borka treba dobar obrok. (*Borka braucht eine gute/richtige Essensportion.*) =

Moje rame je belo. (*Meine Schulter ist weiß.*) =

Hotel „Bor" je dobar hotel. (*Hotel „Bor" ist ein gutes Hotel.)* =

Borko je dobar tata. (*Borko ist ein guter Papa.*) =

Kada je rok? (*Wann ist die Frist?*) =

3. Schreibe in Lateinschrift und lies laut! – Napiši na latinici i čitaj glasno!

Тамо је мала хала. (*Dort ist eine kleine Halle.*) =

Која је мера? (*Wie ist der Maß?*) =

Ту је рода. (*Hier ist ein Storch.*) =

Дара је мала. (*Dara ist klein.*) =

Мато је лекар. (*Mato ist Arzt.*) =

Та беба је јако лака. (*Dieses Baby ist sehr leicht.*) =

Та лутка је добра. (*Diese Puppe ist gut.*) =

Вела боја је лепа боја. (*Weiße Farbe ist eine schöne Farbe.*) =

То је моје млеко. (*Das ist meine Milch.*) =

Како је та драга дама? (*Wie geht es dieser netten Dame?*) =

Ратко је храбар. (*Ratko ist tapfer.*) =

Где је лед? (*Wo ist das Eis?*) =

Док је Момо у хотелу, ја требам рум. (*Während Momo im Hotel ist, brauche ich einen Rum.*) =

Та тема је добра. (*Dieses Thema ist gut.*) =

Тај део је добар. (*Dieser Teil ist gut.*) =

Лола је у клубу. (*Lola ist im Club.*) =

Моја мама је у граду. (*Meine Mama ist in der Stadt.*) =

5. lekcija

Buchstaben i, n, s, z

Markiere Buchstaben, die du schon kennst! – Obeleži slova koja već poznaješ!

A a = A a	Dž dž = Џ џ	I i = И и	N n = Н н	Š š = Ш ш
B b = Б б	Đ đ = Ђ ђ	J j = J j	Nj nj = Њ њ	T t = Т т
C c = Ц ц	E e = E e	K k = К к	O o = O o	U u = У у
Č č = Ч ч	F f = Ф ф	L l = Л л	P p = П п	V v = В в
Ć ć = Ћ ћ	G g = Г г	Lj lj = Љ љ	R r = P p	Z z = З з
D d = Д д	H h = X x	M m = M м	S s = C c	Ž ž = Ж ж

Üben wir die weiteren Buchstaben!

Lateinschrift	I	N	S	Z
Kyrillisch Blockschrift	**И и**	**Н н**	**С с**	**З з**

1. Schreibe auf Kyrillisch und lies laut! – Napiši na ćirilici i čitaj glasno!

idem (*ich gehe*) =

keks =

dati (*geben*) =

rasti (*wachsen*) =

barem (*wenigstens*) =

Rada =

jabuka (*Apfel*) =

orah (*Walnuss*) =

program =

hektar =

znati (*wissen*) =

uzeti (*nehmen*) =

stati (*anhalten*) =

hteti (*wollen*) =

brati (*pflücken*) =

ukrasti (*stehlen*) =

jagoda (*Erdbeere*) =

Lidija =

lek (*Arzneimittel*) =

gram =

istorija (*Geschichte*) =

Zora =

meso (*Fleisch*) =

izgled (*Aussehen*) =

hartija (*Papier*) =

patos (*Boden*) =

so (*Salz*) =

med (*Honig*) =

sos (*Soße*) =

zeleno (*grün*) =

zato (*deswegen*) =

red (*Ordnung*) =

zabluda (*Irrtum*) =

na (*auf, an*) =

sa (*mit*) =

Ines =

hijena (*Hyäne*) =

dim (*Rauch*) =

jela (*Tanne*) =

inat (*Trotz*) =

niko (*niemand*) =

jeka (*Nachhall*) =

sladoled (*Eiscreme*) =

Radojka =

rad (*Arbeit*) =

sto (*Tisch*) =

biber (*Pfeffer*) =

riba (*Fisch*) =

dinar =

jednak (*gleichartig*) =

zbog (*wegen*) =

nada (*Hoffnung*) =

smog =

do (*bis*) =

za (*für*) =

tigar =

eho (*Echo*) =

lila =

hrast (*Eiche*) =

lud (*verrückt*) =

2. Schreibe auf Kyrillisch und lies laut! – Napiši na ćirilici i čitaj glasno!

Verb SEIN – glagol BITI

ja sam (*ich bin*) =

ti si (*du bist*) =

on/ona/ono je (*er/sie/es ist*) =

mi smo (*wir sind*) =

vi ste (*ihr seid; Sie sind*) =

oni/one/ona su (*sie sind*) =

3. Schreibe auf Kyrillisch und lies laut! – Napiši na ćirilici i čitaj glasno!

Zahlen – Brojevi

jedan (1), tri (3) =

sedam (7), osam (8), deset (10) =

jedanaest (11), trinaest (13) =

sedamnaest (17), osamnaest (18) =

trideset (30), sedamdeset (70), osamdeset (80), sto (100) =

4. Schreibe auf Kyrillisch und lies laut! – Napiši na ćirilici i čitaj glasno!

Koji je danas dan? (*Welcher Tag ist heute?*)

Danas je subota. (*Heute ist Samstag.*)

Koji je sutra dan? (*Welcher Tag ist morgen?*)

Sutra je utorak. (*Morgen ist Dienstag.*)

Kada idemo da beremo jagode? (*Wann gehen wir Erdbeeren pflücken?*)

Idemo na izlet? (*Machen wir einen Ausflug?*)

Znati ko dolazi – to je dobro. (*Wer da kommt – das ist gut zu wissen.*)

Mogu da dobijem keks? (*Kann ich einen Keks bekommen?*)

Ona je uzela jaja, meso i ribu. (*Sie hat Eier, Fleisch und Fisch genommen.*)

Mogu da ti dam sladoled. (*Ich kann dir ein Eis geben.*)

U redu? (*In Ordnung?*)

Gde stajemo? Kod restorana? (*Wo halten wir an? Beim Restaurant?*)

Kako tvoje dete brzo raste! (*Wie schnell wächst dein Kind!*)

___

Hteli ne hteli, ali mala Radojka je sada velika. (*Wollen wir das oder nicht, aber die kleine Radojka ist jetzt groß.)*

___

Ah, barem da imaju malo nade! (*Ach, wenn sie wenigstens ein bisschen Hoffnung hätten!*)

___

Molim te, stani! (*Halt an, bitte!*)

___

Gde rastu tako lepe zelene jabuke? (*Wo wachsen so schöne grüne Äpfel?*)

___

Mi nismo hteli ni ribu ni sos uz ribu. (*Wir wollten weder Fisch noch die Soße zum Fisch.*)

___

Ne, mala Rada nije ukrala lila hartiju. (*Nein, die kleine Rada hat das lila Papier nicht gestohlen.*)

___

Ko je tu lud? (*Wer ist hier verrückt?*)

___

Zbog Lidije nisi hteo mleko? (*Wegen Lidija wolltest du keine Milch?*)

___

Oni su gledali program, a mi nismo. (*Sie haben das Programm angeschaut, wir aber nicht.*)

___

Kada si dao lek Borku? (*Wann hast du das Medikament Borko verabreicht?*)

___

To nije niti jedan gram! (*Das ist nicht mal ein Gramm!*)

___

5. Schreibe in Lateinschrift und lies laut! – Napiši na latinici i vežbaj čitanje!

Ми добро знамо историју. (*Wir kennen die Geschichte sehr gut.*)

Нико није тако леп као Лола и Матеј. (*Niemand ist so schön wie Lola und Matej.*)

Зора је на аеродрому и стоји код таксија. (*Zora befindet sich am Flughafen und steht bei der Taxistation.*)

Јека у хали је једнака као јека у мојој соби. (*Der Wiederhall in der Halle ist gleich wie derjenige in meinem Zimmer.*)

Ми не једемо месо. (*Wir essen kein Fleisch.*)

Ја радо узимам сладолед за десерт. (*Ich nehme gerne das Eis zum Dessert.*)

Је ли изглед битан? (*Ist das Aussehen wichtig?*)

Радојка има велики зелени сто. (*Radojka hat einen großen grünen Tisch.*)

Рад је лаган ако знамо како да радимо. (*Die Arbeit ist leicht, wenn wir wissen wie sie zu verrichten ist.*)

На патосу је један динар. (*Auf dem Boden liegt ein Dinar.*)

И зато не идемо на море? (*Und deswegen gehen wir nicht ans Meer?*)

Где су со и бибер? (*Wo sind Salz und Pfeffer?*)

Да, морамо да узмемо и мед. (*Ja, wir müssen auch Honig nehmen.*)

Ко једе рибу? (*Wer isst den Fisch?*)

Који смог у граду! (*Was für ein Smog in der Stadt!*)

Молим кекс уз какао! (*Ein Keks zum Kakao, bitte!*)

Где су сада тигар и хијена? (*Wo sind jetzt Tiger und Hyäne?*)

Реда мора бити! (*Die Ordnung muss es geben!*)

Ти си у заблуди. (*Du unterliegst einem Irrtum.*)

Од Београда до Бора није далеко. (*Von Belgrad bis nach Bor ist es nicht weit.*)

Е сад не идем с тобом! (*Und jetzt gehe ich nicht mit dir mit!*)

Који дуги ехо! (*Was für ein langes Echo!*)

Ја знам како изгледају храст и јела. (*Ich weiß, wie die Eiche und die Tanne aussehen.*)

Не идемо јер дим је јак. (*Wir gehen nicht, weil der Rauch stark ist.*)

Buchstaben v, c

Markiere Buchstaben, die du schon kennst! – Obeleži slova koja već poznaješ!

A a = А а	Dž dž = Џ џ	I i = И и	N n = Н н	Š š = Ш ш
B b = Б б	Đ đ = Ђ ђ	J j = Ј ј	Nj nj = Њ њ	T t = Т т
C c = Ц ц	E e = Е е	K k = К к	O o = О о	U u = У у
Č č = Ч ч	F f = Ф ф	L l = Л л	P p = П п	V v = В в
Ć ć = Ћ ћ	G g = Г г	Lj lj = Љ љ	R r = Р р	Z z = З з
D d = Д д	H h = Х х	M m = М м	S s = С с	Ž ž = Ж ж

Jetzt werden weitere Buchstaben geübt:

Lateinschrift	V	C
Kyrillisch Blockschrift	**В в**	**Ц ц**

1. Schreibe auf Kyrillisch und lies laut! – Napiši na ćirilici i čitaj glasno!

Die Übersetzung ins Deutsche befindet sich am Buchende unter „Lösungen“

Supermarket „Tezga“

radno vreme od devet do dvadeset

zatvoreno svaku drugu subotu

Nova roba svaki dan!

Izbor kao u bajci!

Hrana, alkohol, kozmetika i ostale dobre stvari!

Imamo i cigarete i novine!

Vrhunski kvalitet!

Dobre cene!

Devet lokacija u Beogradu!

Blizu tramvajske stanice!

S nama je ugodno!

Mi uvek imamo vremena!

Vidi i uzmi!

2. Schreibe auf Kyrillisch und lies laut! – Napiši na ćirilici i čitaj glasno!

Die Übersetzung ins Deutsche befindet sich am Buchende unter „Lösungen"

U restoranu

Konobarica: - Dobar dan! Izvolite.

Cveta: - Dobar dan! Imate slobodan sto za dvoje?

Konobarica: - Naravno. Ovde je sto.

Cveta: - Hvala. Imate sladoled? Moj sin voli da jede sladoled.

Konobarica: - Da, imamo sladoled od vanile i jagoda.

Cveta: - Jovice?

Jovica: - Molim sladoled od vanile.

Cveta: - Onda molim jedan sladoled od vanile za mog Jovicu i jedan sladoled od jagoda za mene.

Konobarica: - U redu.

3. Schreibe in Lateinschrift und lies laut! – Napiši na latinici i čitaj glasno!

Die Übersetzung ins Deutsche befindet sich am Buchende unter „Lösungen"

Поносни тате

Тата 1: - Моја Вукица воли математику.

Тата 2: - Ах да? То је интересантно. Моја Горица не воли математику, али воли хемију. То је готово исто за мене. Мислим, бројеви су и ту и тамо.

Тата 1: - Не, то није исто. Математика је математика, а хемија је хемија.

Тата 2: - Горица воли не само хемију него и биологију. Згодно, зар не?

Тата 1: - Згодно? Да?

Тата 2: - Да буде лекарка треба хемију и биологију.

4. Schreibe in Lateinschrift und lies laut! – Napiši na latinici i čitaj glasno!

Die Übersetzung ins Deutsche befindet sich am Buchende unter „Lösungen"

Концерт

Милица: - Идемо на концерт?

Боривоје: - На који концерт?

Милица: - Владо Георгијев има концерт у суботу.

Боривоје: - Стварно?

Милица: - Да.

Боривоје: - То је лепа музика. Ја веома волим такву музику, волим баладе. А карте за концерт?

Милица: - Вук има неколико карата и зове нас да идемо на концерт.

Боривоје: - Супер! Где је концерт?

Милица: - У концертној сали Сава Центра.

Боривоје: - Не знам ту локацију. Ја сам тек од недавно у Београду. Да погледамо на мапи?

Милица: - Не треба. Вук зна где је концертна дворана. А и ја знам.

Боривоје: - Онда назови Вука!

Милица: - Наравно!

7. lekcija

Buchstaben p, š

Markiere Buchstaben, die du schon kennst! – Obeleži slova koja već poznaješ!

A a = A a	Dž dž = Џ џ	I i = И и	N n = Н н	Š š = Ш ш
B b = Б б	Đ đ = Ђ ђ	J j = Ј ј	Nj nj = Њ њ	T t = Т т
C c = Ц ц	E e = Е е	K k = К к	O o = О о	U u = У у
Č č = Ч ч	F f = Ф ф	L l = Л л	P p = П п	V v = В в
Ć ć = Ћ ћ	G g = Г г	Lj lj = Љ љ	R r = Р р	Z z = З з
D d = Д д	H h = Х х	M m = М м	S s = С с	Ž ž = Ж ж

Jetzt kommen weitere Buchstaben:

Lateinschrift	P	Š
Kyrillisch Blockschrift	**П п**	**Ш ш**

1. Schreibe auf Kyrillisch und lies laut! – Napiši na ćirilici i čitaj glasno!

Die Übersetzung ins Deutsche befindet sich am Buchende unter „Lösungen“

Posle odmora

Prodan, Rastko, Siniša i Dušan su opet u Srbiji. Prodan je iz Niša, Rastko je iz Novog Sada, Siniša je iz Kruševca, a Dušan je iz Novog Pazara.

I nekoliko drugarica su ponovo u Srbiji. Čedomirka je iz Subotice, Pavlija je iz Kikinde, Pelagija je iz Despotovca, Podgorka je iz Kragujevca, a Dušica je iz Smedereva.

2. Schreibe auf Kyrillisch und lies laut! – Napiši na ćirilici i vežbaj čitanje!

Miloš = Velinka =

Uroš = Vera =

Borislav = Jelisaveta =

Boško = Olivera =

Velko = Savka =

Veselin = Dubravka =

Vidoje = Lepa =

Vladan = Svetlana =

Vladislav = Spasenija =

Gvozden = Pava =

David = Pauna =

Oliver = Perka =

Radivoje = Persa =

Raša = Petra =

Sava = Gaša =

Vojimir = Vujadin =

Cvetin = Gavrilo =

Jevrem = Spira =

Petruška = Jakov =

Vukasin = Poleksija =

3. Schreibe auf Kyrillisch und lies laut! – Napiši na ćirilici i vežbaj čitanje!

Obrenovac = Šabac =

Jagodin = Sombor =

Loznica =

Lazarevac =

Babušnica =

Sremska Mitrovica =

Leskovac =

Aleksandrovac =

Velika Plana =

Dimitrovgrad =

Kladovo =

Negotin =

Sevojno =

Umka =

Kostolac =

Vršac =

Majdanpek =

Svilajnac =

Crvenka =

Bajina Bašta =

Grocka =

Zlatibor =

Mladenovac =

Petrovaradin =

Temerin =

Šid =

4. Schreibe in Lateinschrift und lies laut! – Napiši na latinici i čitaj glasno!

Die Übersetzung ins Deutsche befindet sich am Buchende unter „Lösungen"

Време

Данас је време лепо. Сунце сија и небо је ведро. Наравно, лето је. Али сутра – сутра долази киша. Тако стоји у новинама, у прогнози времена. Ја волим кишу. Киша је топла и угодна. Киша увек охлади врелину. И кад сам на мору, ја волим да пада киша. Киша пада, а ја се купам у мору. Али киша на мору не пада дуго. И то волим.

____

____

____

____

____

____

____

5. Schreibe in Lateinschrift und lies laut! – Napiši na latinici i čitaj glasno!

Die Übersetzung ins Deutsche befindet sich am Buchende unter „Lösungen“

Договор

Гвозден: - Шта има данас на телевизији?

Светлана: - У пола осам је дневник.

Гвозден: - Знам да је дневник у пола осам. Али шта има после?

Светлана: - После је емисија ”Јунаци нашег доба”.

Гвозден: - Добро. Има ли нешто друго?

Светлана: - На пример?

Гвозден: - Спорт.

Светлана: - Има. У девет је одбојка… Али на Другом програму је емисија о култури. А ја волим емисије о култури.

Гвозден: - И шта сада да радимо?

Светлана: - Имам идеју. Ако ти опереш судове, гледамо спорт – ако ја оперем судове, гледамо културу.

Гвозден: - …Све судове?

____

____

____

____

____

____

____

____

____

____

____

____

____

8. lekcija

Buchstaben ž, f, č

Markiere Buchstaben, die du schon kennst! – Obeleži slova koja već poznaješ!

A a = А а	Dž dž = Џ џ	I i = И и	N n = Н н	Š š = Ш ш
B b = Б б	Đ đ = Ђ ђ	J j = Ј ј	Nj nj = Њ њ	T t = Т т
C c = Ц ц	E e = Е е	K k = К к	O o = О о	U u = У у
Č č = Ч ч	F f = Ф ф	L l = Л л	P p = П п	V v = В в
Ć ć = Ћ ћ	G g = Г г	Lj lj = Љ љ	R r = Р р	Z z = З з
D d = Д д	H h = Х х	M m = М м	S s = С с	Ž ž = Ж ж

Wir üben weiter:

Lateinschrift	Ž	F	Č
Kyrillisch Blockschrift	**Ж ж**	**Ф ф**	**Ч ч**

1. Schreibe auf Kyrillisch und lies laut! – Napiši na ćirilici i čitaj glasno!

Die Übersetzung ins Deutsche befindet sich am Buchende unter „Lösungen“

a) Telefoni u Srbiji:

policija – jedan devet dva =

vatrogasci – jedan devet tri =

tačno vreme – devet pet =

brojevi telefona – devet osam osam =

vojna policija – devet osam šest nula =

b) Govorni automati su:

pravoslavni verski praznici i običaji – devet osam dva dva

____

meteorološki podaci – devet osam dva tri

____

loto i sportska prognoza – devet osam četiri četiri

____

2. Schreibe auf Kyrillisch und lies laut! – Napiši na ćirilici i vežbaj čitanje!

Die Übersetzung ins Deutsche befindet sich am Buchende unter „Lösungen"

Srpska jela

sarma od kiselog kupusa = ______________________________

paradajz čorba = ______________________________

pogača s blitvom = ______________________________

ajvar od zelenog paradajza = ______________________________

pogača s tikvicama = ______________________________

kolač s muskatnom tikvom = ______________________________

srpska čorba od mesa = ______________________________

junetina s pečurkama = ______________________________

vinski paprikaš od somovine = ______________________________

pržena jaja sa slaninom = ______________________________

zapečena boranija = ______________________________

pastrmka u vinu = ______________________________

belo meso u pavlaci = ______________________________

sarma od slatkog kupusa = ______________________________

kiseli feferoni = ______________________________

biftek = ______________________________

fiš-paprikaš = ______________________________

3. Schreibe in Lateinschrift und lies laut! – Napiši na latinici i čitaj glasno!

Die Übersetzung ins Deutsche befindet sich am Buchende unter „Lösungen“

Живан и Јефимија су муж и жена скоро десет година.

____

Чедомирка и Ружица су сестре и живе у Нишу.

____

Филипа и Блаженка су другарице и иду на кафу.

____

Снежана и Божидарка су комшинице и воле фудбал.

____

Живомир и Надежда су брат и сестра и воле да играју шах.

____

Желимирка и Момчило иду у биоскоп сваку суботу.

____

Живка и Чаславка студирају филозофију.

____

Филотеј и Софија иду у основну школу.

____

Божана и Живана су професорке на универзитету.

____

4. Schreibe in Lateinschrift und lies laut! – Napiši na latinici i čitaj glasno!

Die Übersetzung ins Deutsche befindet sich am Buchende unter „Lösungen“

У Србији можете да посетите фантастичне локале и ресторане, добре пабове и локале с модерном музиком као и традиционалне кафане. Читав дан можете да купујете у веома интересантним и добрим местима за шопинг. Желите да видите знаменитости Србије? Можете да посетите манастире и цркве – они су важни део српске културе и традиције. Исто тако можете да одете у музеје и галерије у свим градовима. У градовима можете да уживате у баровима, можете да откријете чари београдских сплавова и да посетите чаробне клубове. Ако желите да научите српски језик, можете да упишете течај српског језика. Ако тражите ексклузивни градски хотел или желите да одседнете у етно селу, и у томе можете да уживате у Србији.

5. Lies laut! – Čitaj glasno!

Die Wörter in Lateinschrift befinden sich am Buchende unter „Lösungen"

форум, футур, чај, фокус, чембало, фарса, анемичан, флаша, антипатичан, форма, Жаклина, физика, Фигаро, Ружа, факат, артичока, чили, фосил, Фанија, фуснота, фигура, Филипа, фолија, фактор, Живадинка, фешта, палачинка, фузија, фунта, Живанка, фијакер, форте, фамилија, жирафа, фамозан, практичан, фанатик, жири, фарма, феномен, дефинитивно, фармер, фасциниран, делфин, фаталан, флора, фауна, филозофија, федерација, фестивал, фолклор, фигуративан, тајфун, филм Живослава, филтер, финалист, тарифа, финиш, фирма, тријумф, формулар, Живкица, функција, биографија

9. lekcija

Buchstaben ć, nj, lj

Markiere Buchstaben, die du schon kennst! – Obeleži slova koja već poznaješ!

A a = А а	Dž dž = Џ џ	I i = И и	N n = Н н	Š š = Ш ш
B b = Б б	Đ đ = Ђ ђ	J j = Ј ј	Nj nj = Њ њ	T t = Т т
C c = Ц ц	E e = Е е	K k = К к	O o = О о	U u = У у
Č č = Ч ч	F f = Ф ф	L l = Л л	P p = П п	V v = В в
Ć ć = Ћ ћ	G g = Г г	Lj lj = Љ љ	R r = Р р	Z z = З з
D d = Д д	H h = Х х	M m = М м	S s = С с	Ž ž = Ж ж

Wir üben weiter:

Lateinschrift	Ć	Nj	Lj
Kyrillisch Blockschrift	**Ћ ћ**	**Њ њ**	**Љ љ**

1. Schreibe auf Kyrillisch und lies laut! – Napiši na ćirilici i čitaj glasno!

jagnjetina s pasuljem = ________________________________

srpske ćufte = ________________________________

pljeskavica na srpski način = ________________________________

riblja čorba = ________________________________

svinjski ražnjići sa žalfijom = ________________________________

pirinač s povrćem = ________________________________

proja sa spanaćem = ________________________________

žuti pasulj s govedinom = ________________________________

teleća kisela čorba = ________________________________

keleraba sa ćuftama = ____

paprike punjene lignjama = ____

svinjetina u sosu od ajvara = ______________________________________

ražnjići od piletine sa sosom od oraha = ___________________________

kisele paprike punjene sirom = _____________________________________

pasulj na starinski način = _______________________________________

mešani pileći ražnjići = ____

2. Schreibe auf Kyrillisch und lies laut! – Napiši na ćirilici i čitaj glasno!

Die Übersetzung ins Deutsche befindet sich am Buchende unter „Lösungen"

Detinjstvo

Ja se dobro sećam mojih školskih drugova i drugarica. Moj najbolji drug se zvao Ljubomir Presanović. On je sedeo sa mnom u klupi i svi su ga zvali Ljuba. Ja sam uvek igrao s njim i sa Smiljanom fudbal na velikom odmoru. Da je Smiljana igrala s nama fudbal, nije bilo neobično: kad smo deca, onda nema razlike – svi se igramo zajedno. Smilja je bila zaljubljena u Dragoljuba. Njega smo zvali Dragan i on je bio najbolji učenik u razredu. On je sedeo sa Željkom u klupi i oni su bili zaljubljeni. Mnogo devojčica u razredu su bile zaljubljene u Dragana. Posebno Bosiljka, Milja i Dunja. U Bosiljku, Milju i Dunju su bili drugi dečaci zaljubljeni: u Bosiljku je bio zaljubljen Ljuba, u Milju je bio zaljubljen Ognjen, a u Dunju je bio zaljubljen Nemanja. Kad je u razred došao Uglješa Perić, onda se sve promenilo. I ljubav, i drugarstvo i fudbal. Zapravo ne znam da li se sve promenilo zbog Uglješe Perića ili zato što smo svi došli u pubertet.

____

____

____

____

____

____

____

____

____

3. Schreibe in Lateinschrift und lies laut! – Napiši na latinici i čitaj glasno!

Die Übersetzung ins Deutsche befindet sich am Buchende unter „Lösungen“

Радња мојег оца

Ја се зовем Ћанка Дражић и живим у Дорћолу. Дорћол се налази у центру Београда. Моји родитељи имају малу стару кућу где сам ја одрасла. Наша кућа има приземље, први и други спрат. Ми живимо на првом и другом спрату, а у приземљу куће мој отац има радњу. Он је кројач у трећој генерацији. Он углавном ради оправке одеће за своје сталне муштерије. Чак и недељом. Иако он не може да пуно заради и иако има велику конкуренцију у скупим радњама, он воли свој посао.

4. Schreibe in Lateinschrift und lies laut! – Napiši na latinici i čitaj glasno!

Die Übersetzung ins Deutsche befindet sich am Buchende unter „Lösungen"

Бање у Србији

У Србији су бање веома омиљене. Врњачка Бања је веома лепа бања и има чак седам извора лековите воде. Сокобања је исто тако лепа бања и њене воде су добре против астме и дисајних проблема. Бања Ковиљача или Краљевска бања има богату историју и дугу традицију у лечењу остеопорозе и реуме. Нишка Бања је једна од најпопуларнијих бања у Србији и њени лекарски тимови су одлични у дијагностици. Овчар Бања је у центру нетакнуте природе и њена вода има тридесет осам степена. Бања Кањижа се налази у Војводини и њене воде су невероватно топле – између педесет и седамдесет степена.

10. lekcija

Buchstaben dž, đ

Markiere Buchstaben, die du schon kennst! – Obeleži slova koja već poznaješ!

A a = A a	Dž dž = Џ џ	I i = И и	N n = Н н	Š š = Ш ш
B b = Б б	Đ đ = Ђ ђ	J j = J j	Nj nj = Њ њ	T t = Т т
C c = Ц ц	E e = E e	K k = К к	O o = O o	U u = У у
Č č = Ч ч	F f = Ф ф	L l = Л л	P p = П п	V v = В в
Ć ć = Ћ ћ	G g = Г г	Lj lj = Љ љ	R r = Р р	Z z = З з
D d = Д д	H h = X x	M m = М м	S s = C c	Ž ž = Ж ж

Wir üben weiter:

Lateinschrift	Dž	Đ
Kyrillisch Blockschrift	**Џ џ**	**Ђ ђ**

1. Schreibe auf Kyrillisch und lies laut! – Napiši na ćirilici i vežbaj čitanje!

Die Übersetzung ins Deutsche befindet sich am Buchende unter „Lösungen"

Koja jela volimo?

Ja volim đuveč. Moja mama voli pileću džigericu. Moj tata voli leđnu slaninu. Moja starija sestra Rađa voli kolače sa smeđim šećerom. Moj mlađi brat Đorđe voli grožđe i kolače koji se zovu medveđe šape. Moja tetka Anđelka voli čorbu od medveđeg luka. Moja strina Đurđa voli sok od đumbira. Moj stric Đuro voli sva jela s patlidžanom. Moja baba Anđa voli džem od šljiva i džem od kajsija.

2. Schreibe auf Kyrillisch und lies laut! – Napiši na ćirilici i vežbaj čitanje!

Die Übersetzung ins Deutsche befindet sich am Buchende unter „Lösungen"

Moja sestra

Moja sestra se zove Đulijana i ja je jako volim. Ali ono što ja ne volim kod nje jeste njeno traženje stvari po kući. U subotu je, na primer, ceo dan tražila svoje smeđe đinđuve. Na kraju ih je našla, ali i ja sam morao da tražim te đinđuve. Ali – moram da priznam – i ona meni pomaže kod domaćih zadataka pa je fer da i ja njoj ponekad pomažem. Ali prekjuče je opet bila potraga za njenim stvarima – za pidžamom. Ona je rekla: „Đurice, budi džentlmen i pomozi dami u nevolji." Tako sam i ja tražio pidžamu. I našli smo pidžamu u džaku za staru odeću. Kako je ona tamo došla, ja to ne znam. Sada tražimo njen džemper i čizme. Đulijana je rekla da ću da dobijem pola njenog džeparca ako ih nađem.

3. Schreibe in Lateinschrift und lies laut! – Napiši na latinici i vežbaj čitanje!

Die Übersetzung ins Deutsche befindet sich am Buchende unter „Lösungen“

Оглас

Издајемо мали намештени двособни стан у Београду са централним грејањем. Стан је нов и у близини је аутобуска станица и пијаца. У кварту се налази такође и енглески колеџ Џорџ Бајрон као и основна школа. Стан изнајмљујемо и породицама и студентима.

4. Schreibe in Lateinschrift und lies laut! – Napiši na latinici i vežbaj čitanje!

Die Übersetzung ins Deutsche befindet sich am Buchende unter „Lösungen“

Ћевабџиница ”Весели ћевапи”

У улици Џорџа Вашингтона отворена је ћевабџиница ”Весели ћевапи”. Власник ћевабџинице је инжењер Ђуро Ђорђевић и госпођа Ђурђица Самарџић. Нова ћевабџиница има на понуди класичне ћевапе и локал је веома угодан. Кад смо питали зашто се њихова радња зове „Весели ћевапи“, господин Ђорђевић је рекао: ”Кад видим десет малих ћевапа на тањиру, онда они изгледају за мене као мала весела деца. Зато се наша радња зове ”Весели ћевапи”.

5. Schreibe in Lateinschrift und lies laut! – Napiši na latinici i vežbaj čitanje!

Die Übersetzung ins Deutsche befindet sich am Buchende unter „Lösungen“

Телефонски бројеви

Хитна помоћ – један девет четири

____

Војна хитна помоћ – девет седам шест

____

Пријава телефонских сметњи – девет седам седам

____

Помоћ на путу – девет осам седам

____

Служба буђења – девет осам један један

____

Разна обавештења – девет осам један два

____

11. lekcija

Blockschrift in Kursiv – *štampana kosa slova*

	A	B	C	Č	Ć
Blockschrift	А а	Б б	Ц ц	Ч ч	Ћ ћ
Blockschrift in Kursiv	*А а*	*Б б*	*Ц ц*	*Ч ч*	*Ћ ћ*

	D	Dž	Đ	E	F
Blockschrift	Д д	Џ џ	Ђ ђ	Е е	Ф ф
Blockschrift in Kursiv	*Д д*	*Џ џ*	*Ђ ђ*	*Е е*	*Ф ф*

	G	H	I	J	K
Blockschrift	Г г	Х х	И и	Ј ј	К к
Blockschrift in Kursiv	*Г г*	*Х х*	*И и*	*Ј ј*	*К к*

	L	Lj	M	N	Nj
Blockschrift	Л л	Љ љ	М м	Н н	Њ њ
Blockschrift in Kursiv	*Л л*	*Љ љ*	*М м*	*Н н*	*Њ њ*

	O	P	R	S	Š
Blockschrift	О о	П п	Р р	С с	Ш ш
Blockschrift in Kursiv	*О о*	*П п*	*Р р*	*С с*	*Ш ш*

	T	U	V	Z	Ž
Blockschrift	Т т	У у	В в	З з	Ж ж
Blockschrift in Kursiv	*Т т*	*У у*	*В в*	*З з*	*Ж ж*

Du hast es bemerkt: Die Buchstaben in Kursiv sind fast gleich wie die in Blockschrift. Bis auf fünf Buchstaben: **D, G, I P** und **T** und zwar nur als **Kleinbuchstaben**.

	D	G	I	P	T
Blockschrift	Д д	Г г	И и	П п	Т т
Blockschrift in Kursiv	*Д д*	*Г г*	*И и*	*П п*	*Т т*

Die **Blockschrift in Kursiv** wird in gedruckten Unterlagen verwendet – Bücher, Zeitungen usw. –, und dient **zum Lesen, nicht zum Schreiben**. Deswegen gibt es in dieser Lektion **nur Leseübungen**. Für das Schreiben verwendet man die kyrillische Schreibschrift, die in der nächsten Lektion vorgestellt wird.

Zuerst schauen wir uns die ersten drei Buchstaben an:

	D	G	I
Blockschrift	Д д	Г г	И и
Blockschrift in Kursiv	*Д д*	*Г г*	*И и*

1. Lies laut! – Vežbaj čitanje!

дефинитивно
кандидат
папагај
граматика
метеорологија
археологија
фудбал
шофер
кафа
беџ
сноб
гроф
шунка
бригада
биро
гардероба
курир
модел
милион
салама

дискета
цигарета
парадајз
дигресија
вага
диносаурус
бас
дискусија
џем
магазин
филм
кугла
хокеј
водвиљ
гаранција
дренажа
манир
резерва
каса
фреска

пиџама
адмирал
катедрала
дијамант
дресура
кондор
бифе
Балкан
лорд
рум
џунгла
шминка
ас
бал
дама
командир
мода
арија
лава
гама

Dann schauen wir uns die restlichen zwei Buchstaben an:

	P	T
Blockschrift	П п	Т т
Blockschrift in Kursiv	*П п*	*Т т*

2. Lies laut! – Vežbaj čitanje!

хоризонт
палма
антилопа
евентуално
антипатичан
Тара
наутика
фантазија
планет
зенит
Томо
Јупитер
Венера
хеликоптер
историја
бестселер
вакуум
трамвај
стоп
Сибир
барака
кукуруз
биографија
реализација
Барселона
Мађарска
виолина
диригент

фанатичан
ћевапчићи
бисквит
апостол
Тимотије
старт
банка
комет
тулипан
телевизија
астрономија
албатрос
олтар
марципан
атом
териториј
хијена
метеорит
екран
арсенал
фризура
киви
мајор
ракија
артикл
банкет
контрабас
полиција

кактус
степа
султан
Торонто
пол
еквадор
Павле
спорт
парола
Тихана
тата
центар
патрола
паб
папир
Ниш
Сатурн
зебра
Марс
комисија
кафана
балет
радио
сардина
козмонаут
Нептун
клавир
ауто

Адам	*Сократ*	*интервју*
дует	*компјутер*	*телефон*
конфликт	*интернационалан*	*пудинг*
џемпер	*кромпир*	*мајстор*
футрола	*артиљерија*	*армија*
Букурешт	*кантон*	*параф*
апотека	*компас*	*салата*
сируп	*вотка*	*метал*

3. Lies laut! – Vežbaj čitanje!

Die Übersetzung ins Deutsche befindet sich am Buchende unter „Lösungen"

Огласи

Удовац *(45 година) из Београда, по занимању механичар, тражи партнерку. Хобији: аутомобили, фудбал и шетње уз Дунав. Волим да кувам и да се бринем о кући. Жеље: брак и деца. Шифра: "Заувек твој"*

Удовица *(35 година) из Ниша, по занимању медицинска сестра, тражи партнера. Немам децу, волим да пишем поезију. Иако пишем поезију, нисам романтична: не волим да шетам и да гледам звезде по ноћи. Волим да играм одбојку и да излазим. Шифра: "Живот је кратак"*

4. Lies laut! – Vežbaj čitanje!

Die Übersetzung ins Deutsche befindet sich am Buchende unter „Lösungen"

Перфектни дан

Данас имам слободан дан. То је лепо. Не морам ништа да радим. Значи: могу да радим шта хоћу. Данас могу да пијем кафу на миру, могу да доручкујем дуго, могу да идем у град. Шта могу да радим у граду? Могу да посетим Марију. Да, могу да одем до ње и да је питам како је. Онда можемо да идемо заједно на ручак. Где не ручак? Да, то је добро питање. Али Марија сигурно зна добре ресторане. После ручка можемо да одемо у парк, да седимо на клупи и да причамо. То је лепо – парк у пролеће. Увече можемо да идемо у биоскоп или у позориште. У биоскопима има увек добрих филмова и у позоришту има увек добрих представа. После можемо да одемо у неки ноћни клуб и да играмо. Или само да слушамо музику. То је лепо. Имати перфектни дан.

5. Lies laut! – Vežbaj čitanje!

Die Übersetzung ins Deutsche befindet sich am Buchende unter „Lösungen"

Циташи

Мој син се зове Тимошије и има пеш година. Он има веома занимљиве мисли и ја морам да га циширам. Он каже на пример:

Данас нема сунца јер се сунце још није пробудило.

Моја бака је дебела јер она носи пуно речи у себи.

Ја волим да идем у золошки врш јер шамо могу да видим мајмуне који се смеју људима.

Мој шаша понекад компликује моју маму, а моја мама понекад не разуме шша мој шаша говори.

Ја волим да идем на село код бабе Даре јер она има кокошке које су природне.

6. Lies laut! – Vežbaj čitanje!

Die Übersetzung ins Deutsche befindet sich am Buchende unter „Lösungen"

Поруке

На столу лежи порука од Петра:

Долазим за пеш минуша. Зашшо не ради швој мобилни шелефон?

Након десет минута Гордана чита поруку и пише поруку:

Ја идем код фризера. Долазим за шри саша. Не знам зашшо не ради мој мобилни.

Након три сата Петар пише поруку:

Где си? Не јављаш се на мобилни. Ја сада идем код механичара. Долазим за двадесеш минуша.

Након тридесет минута Гордана пише поруку:

Зашшо сада не ради швој мобилни? Када долазиш? Ја морам да идем у школу због Драгана, данас је родишељски сасшанак. Долазимо кући после пеш.

У шест Петар пише поруку:

Где сше? Ја не волим да пишем поруке на харшији ако већ сви имамо мобилне. Идем на шренинг. Долазим око осам.

У девет Гордана пише поруку:

Где си? Вечера је на сшолу, ја спавам. Сушра сам цео дан на конференцији. А ши?

12. lekcija

Kyrillische Schreibschrift – *ćirilična pisana slova*

	A	B	C	Č	Ć
Blockschrift	А а	Б б	Ц ц	Ч ч	Ћ ћ
Blockschrift in Kursiv	*А а*	*Б б*	*Ц ц*	*Ч ч*	*Ћ ћ*
Schreibschrift	А а	Б б	Ц ц	Ч ч	Ћ ћ

	D	Dž	Đ	E	F
Blockschrift	Д д	Џ џ	Ђ ђ	Е е	Ф ф
Blockschrift in Kursiv	*Д д*	*Џ џ*	*Ђ ђ*	*Е е*	*Ф ф*
Schreibschrift	Д д	Џ џ	Ђ ђ	Е е	Ф ф

	G	H	I	J	K
Blockschrift	Г г	Х х	И и	Ј ј	К к
Blockschrift in Kursiv	*Г г*	*Х х*	*И и*	*Ј ј*	*К к*
Schreibschrift	Г г	Х х	И и	Ј ј	К к

	L	Lj	M	N	Nj
Blockschrift	Л л	Љ љ	М м	Н н	Њ њ
Blockschrift in Kursiv	*Л л*	*Љ љ*	*М м*	*Н н*	*Њ њ*
Schreibschrift	Л л	Љ љ	М м	Н н	Њ њ

	O	P	R	S	Š
Blockschrift	О о	П п	Р р	С с	Ш ш
Blockschrift in Kursiv	*О о*	*П п*	*Р р*	*С с*	*Ш ш*
Schreibschrift	О о	П п	Р р	С с	Ш ш

	T	U	V	Z	Ž
Blockschrift	Т т	У у	В в	З з	Ж ж
Blockschrift in Kursiv	*Т т*	*У у*	*В в*	*З з*	*Ж ж*
Schreibschrift	Т т	У у	В в	З з	Ж ж

Die **Schreibschrift** – *pisana slova* verwendet man nur beim **Handschreiben**. Alle getippten Unterlagen werden logischerweise mit Blockschrift bzw. Blockschrift in Kursiv geschrieben. Aber andererseits werden die handgeschriebenen Texte auch gelesen – deswegen folgen weitere **Schreib- und Leseübungen**.

Du hast die Ähnlichkeit der Schreibschrift mit der Blockschrift bzw. mit der Blockschrift in Kursiv bemerkt. Es gibt allerdings einige Unterschiede in Schreibschrift, und zwar in sechs Buchstaben: **D, G, I, P, Š** und **T**.

	D	G	I	P	Š	T
Blockschrift	Д д	Г г	И и	П п	Ш ш	Т т
Blockschrift in Kursiv	*Д д*	*Г г*	*И и*	*П п*	*Ш ш*	*Т т*
Schreibschrift	*Д д*	*Г г*	*И и*	*П п*	*Ш ш*	*Т т*

1. Schreibe alle Buchstaben in Schreibschrift ab! – Prepiši sva pisana slova!

Üben wir zuerst die ersten drei Buchstaben in Schreibschrift:

	D	G	I
Blockschrift	Д д	Г г	И и
Schreibschrift	*Д д*	*Г г*	*И и*

2. Schreibe auf Kyrillisch in Schreibschrift und lies laut! – Napiši na pisanoj ćirilici i vežbaj čitanje!

galaksija = *галаксија* muzika =

agava = smog =

ada =

akacija =

Indija =

geografija =

menza =

bambus =

vikend =

banda =

deo =

hiljada =

agrar =

aukcija =

decidiran =

dresura =

kadifa =

konkavan =

oralan =

vezir =

majka =

Sava =

ekologija =

alkohol =

huligan =

Ilija =

soda =

jubilej =

civilizacija =

masovno =

ajvar =

bilans =

digresija =

imigracija =

konfuzija =

musaka =

rival =

Danska =

3. Schreibe auf Kyrillisch in Schreibschrift und lies laut! – Napiši na pisanoj ćirilici i vežbaj čitanje!

Draga Gordana! =

Draga Dunja!=

Draga Smiljana! =

Dragi Njegoslave! =

Dragi Dragoljube! =

Dragi Ljubo! =

	P	Š	T
Blockschrift	П п	Ш ш	Т т
Schreibschrift	*П п*	*Ш ш*	*Т т*

4. Schreibe auf Kyrillisch in Schreibschrift und lies laut! – Napiši na pisanoj ćirilici i vežbaj čitanje!

afinitet = *афинитет*

bagatela =

citadela =

amortizer =

desert =

plasman =

duplikat =

emigrant =

entitet =

evidentno =

fundament =

gabarit =

insekt =

integritet =

intencija =

intenzitet =

irelevantan =

notoran =

kontradiktoran =

opsesija =

orbita =

plafon =

proces =

pumpa =

pompa =

relevantan =

rabat =

spontano =

striktan =

šansona =

šank =

tendencija =

terakota =

tirada =

trik =

vijadukt =

vinjeta =

šarlatan =

kompot =

viski =

5. Schreibe auf Kyrillisch in Schreibschrift und lies laut! – Napiši na pisanoj ćirilici i vežbaj čitanje!

Poštovani gospodine Markoviću!

Poštovana gospođo Perić!

Poštovani gospodine Vladiću!

Poštovana gospođo Jovanović!

---

6. Schreibe den Text ab und lies laut! – Prepiši tekst i vežbaj čitanje!

Die Übersetzung ins Deutsche befindet sich am Buchende unter „Lösungen“

Месеци у години су: јануар, фебруар, март, април, мај, јуни, јули, август, септембар, октобар, новембар и децембар.

Дани у недељи су: понедељак, уторак, среда, четвртак, петак, субота и недеља.

Годишња доба су: пролеће, лето, јесен и зима.

7. Schreibe den Text in kyrillischer Schreibschrift ab! – Prepiši tekst ćiriličnim pisanim slovima!

Die Übersetzung ins Deutsche befindet sich am Buchende unter „Lösungen"

Novi film

Danilo: - Idemo danas u bioskop?

Mila: - Dobra ideja. Šta gledamo?

Danilo: - Znaš film „Bilo jednom u Srbiji"?

Mila: - Ne, ne znam. To je novi film?

Danilo: - Da.

Mila: - Je li to drama?

Danilo: - I drama i komedija. Kritičari kažu da je to dobar film. Igraju dobri glumci i glumice.

Mila: - Može. Ja volim da gledam domaće filmove.

Beantworte die Fragen in kyrillischer Schreibschrift! – Odgovori pismeno koristeći ćirilična pisana slova!

1. Ko ide u bioskop?
2. Koji je film u bioskopu?
3. Je li to novi film?
4. Je li film drama ili komedija?

5. Šta kažu kritičari za film?

6. Ko igra u filmu?

7. Da li Mila voli da gleda domaće filmove?

8. Lies und beantworte die Fragen! – Čitaj i odgovori na pitanja!

Die Übersetzung ins Deutsche befindet sich am Buchende unter „Lösungen“

Идемо у позориште

Смиљана: - Хоћемо у позориште?

Вук: - Наравно. То желимо већ дуго. Шта има на репертоару?

Смиљана: - "Госпођа министарка" игра у Народном позоришту.

Вук: - Одлично. Ја волим Бранислава Нушића. Он је мој омиљени писац.

Смиљана: - И мој.

Вук: - Кад су представе?

Смиљана: - У суботу је премијера.

Вук: - Онда идемо у суботу.

Питања:

1. Да ли Смиљана и Вук желе већ дуго да иду у позориште?

2. Шта има на репертоару у Народном позоришту?

3. Ко воли Бранислава Нушића?

4. Када је премијера?

5. Да ли Смиљана и Вук иду на премијеру?

9. Lies und beantworte die Fragen! – Čitaj i odgovori na pitanja!

Die Übersetzung ins Deutsche befindet sich am Buchende unter „Lösungen“

Како изгледа моја учитељица?

Моја учитељица се зове Звездана и она је млада. Она има дугу смеђу косу и плаве очи. Она је висока и витка. Моја учитељица често носи кошуље и панталоне. Понекад носи сукњу. Моја учитељица се често смеје и зато ја волим моју учитељицу.

Питања:

1. Како се зове његова учитељица?

2. Је ли она стара?

3. Какву косу има Звездана?

4. Какве су њене очи?

5. Је ли она ниска?

6. Је ли она витка или пуначна?

7. Шта често носи Звездана?

8. Шта понекад носи Звездана?

9. Зашто он воли учитељицу Звездану?

10. Schreibe den Text in Lateinschrift ab und lies laut! – Prepiši tekst na latinicu i čitaj glasno!

Die Übersetzung ins Deutsche befindet sich am Buchende unter „Lösungen"

Знам ћирилицу!

Шта сада могу? Сада могу да читам књиге, новине и на интернету различите сајтове. Могу да пишем мејлове и смс-ове. Могу да читам називе улица и називе продавница без проблема. Могу чак да пишем мој приватни дневник на ћирилици. Могу да напишем књигу на ћирилици. То је интересантно јер ја већ дуго скупљам идеје за моју књигу. Али не желим одмах да пишем на ћирилици него тек после.

Ово су моје идеје:

- Мој јунак се зове Лукас. Он је професор географије и воли да путује. Као ја.

- Он жели да посети Србију јер тамо има родбину. Зашто? Његова мама је из Србије.

- Шта је његов проблем? Он не зна српски и не зна ћирилицу. То није велики проблем јер родбина зна енглески. Његов проблем је што он жели да иде сваке године у Србију. Дакле, он треба Српски и ћирилицу.

- Он жели да упозна Београд, Нови Сад и Ниш.

То је све од идеја. Засада.

Ах, да! Ово је идеја од данас, записао сам је на цедуљи:

- Мој Лукас треба да упозна девојку. Она се зове Соња. Она исто воли да путује као Лукас. Али она жели да упозна Европу. То је проблем за Лукаса. Шта Лукас може да направи? Може да путује са Соњом по Европи или да остане у Србији.

Да, то су моје идеје. Али те идеје већ могу да пишем и на латиници и на ћирилици.

11. Schreibe die ganze „azbuka“ auf Kyrillisch: Blockschrift, Blockschrift in Kursiv und Schreibschrift! – Napiši azbuku na ćirilici: štampana slova, štampana kosa slova i pisana slova!

AZBUKA

	A	B	V	G	D
Blockschrift					
Blockschrift in Kursiv					
Schreibschrift					

	Đ	E	Ž	Z	I
Blockschrift					
Blockschrift in Kursiv					
Schreibschrift					

	J	K	L	Lj	M
Blockschrift					
Blockschrift in Kursiv					
Schreibschrift					

	N	Nj	O	P	R
Blockschrift					
Blockschrift in Kursiv					
Schreibschrift					

	S	T	Ć	U	F
Blockschrift					
Blockschrift in Kursiv					
Schreibschrift					

	H	C	Č	Dž	Š
Blockschrift					
Blockschrift in Kursiv					
Schreibschrift					

Die Schriftarten für Kyrillisch, die in diesem Buch verwendet wurden, sind:

a) für Blockschrift: Times New Roman

b) für Blockschrift in Kursiv: Adamant BG Italic

c) für Schreibschrift: Lovely Sofia BG

Für die Umstellung des **Tastaturlayouts auf Serbisch** gibt es eine Anleitung auf der Webseite **www.serbisch-lernen.com**

Lösungen zu den Übungen

2. lekcija

1. Schreibe auf Kyrillisch und lies laut! – Napiši na ćirilici i čitaj glasno!

mama (*Mama*) = **мама**

tata (*Papa*) = **тата**

jako (*sehr*) =**јако**

tamo (*dort*) = **тамо**

ako (*wenn, falls*) = **ако**

tek (*erst, gerade*) = **тек**

koje (*welches*) = **које**

kome (*wem*) = **коме**

je (*ist*) = **је**

meta (*Zielscheibe*) = **мета**

kej (*Kai*) = **кеј**

motka (*Stab, Stange*) = **мотка**

jato (*Schwarm*) = **јато**

jama (*Grube*) = **јама**

tako (*so*) = **тако**

kako (*wie*) =**како**

jaje (*Ei*) = **јаје**

ja (*ich*) = **ја**

ko (*wer*) = **ко**

moj (*mein*) = **мој**

koja (*welche*) = **која**

jeka (*Echo*) = **јека**

moja (*meine*) = **моја**

tama (*Dunkelheit*) = **тама**

kajak (*Kajak*) = **кајак**

mek (*weich*) = **мек**

tok (*Lauf, Verlauf*) = **ток**

mak (*Mohn*) =**мак**

2. Schreibe auf Kyrillisch und lies laut! – Napiši na ćirilici i čitaj glasno!

Mama = **мама**

Wie? = **Како?**

sehr = **јако**

ich = **ја**

mein = **мој**

Welches? = **Које?**

Wem? = **Коме?**

erst, gerade = **тек**

Papa = **тата**

So. = **Тако.**

dort = **тамо**

Wer? = **Ко?**

Kai = **кеј**

Welche? = **Која?**

wenn, falls = **ако**

Ei = **јаје**

3. Schreibe auf Kyrillisch und lies laut! – Napiši na ćirilici i čitaj glasno!

Persönliche Namen:

Tomo = **Томо**

Mato = **Мато**

Kata = **Ката**

Maja = **Маја**

Momo = **Момо**

Tom = **Том**

Matej = **Матеј**

Kaja = **Каја**

4. Schreibe auf Kyrillisch und lies laut! – Napiši na ćirilici i čitaj glasno!

Kaja je mama. (*Kaja ist eine Mama.*) = **Каја је мама.**

Ko je tata? (*Wer ist der Papa?*) = **Ко је тата?**

Tomo je tata. (*Tomo ist der Papa.*) = **Томо је тата.**

Kako je Maja? (*Wie geht es Maja?*) = **Како је Маја?**

Ko je Momo? (*Wer ist Momo?*) = **Ко је Момо?**

Moj kajak je mek. (*Mein Kajak ist weich.*) = **Мој кајак је мек.**

Moja Kata je tamo. (*Meine Kata ist dort.*) = **Моја Ката је тамо.**

Koja Maja? (*Welche Maja?*) = **Која Маја?**

3. lekcija

1. Schreibe auf Kyrillisch und lies laut! – Napiši na ćirilici i čitaj glasno!

komet (*Komet*) = **комет**

gde (*wo*) = где

Beograd = Београд

tada (*dann*) = тада

draga (*Liebste*) = драга

dama (*Dame*) = дама

drama = драма

grad (*Stadt*) = град

kome (*wem*) = коме

metar = метар

boem (*Bohemien*) = боем

toga (*diesen*) = тога

boja (*Farbe*) = боја

koga (*wen*) = **кога**

taj (*dieser*) = тај

deda (*Opa*) = деда

more (*Meer*) = море

beba (*Baby*) = беба

kada (*wenn*) = када

treba (braucht) = треба

kratak (*kurz - maskulin*) = кратак

baba (*Oma*) = баба

aerodrom (*Flughafen*) = аеродром

dobar (*gut*) = добар

ker (*Hund*) = кер

Kaja = Каја

gaj (*Hain*) = гај

magma (*Ergussgestein*) = магма

jod (*Jod*) = јод

gora (*Berg*) = гора

geg (*Gag)* = гег

Tara = Тара

bor (*Tanne*) = бор

tera = тера

domet (*Reichweite*) = домет

deo (*Teil*) = део

jad (*Elend*) = јад

tome (*diesem*) = томе

rado (*gerne*) = радо

bager (*Bagger*) = багер

ideja (*Idee*) = идеја

dok (*während*) = док

obrok (*Portion*) = оброк

Mara = Мара

Bog (*Gott*) = Бог

doba (*Jahreszeit*) = доба

beta = бета

Dara = Дара

tema (*Thema*) = тема

rok (*Frist*) = рок

mrak (*Finsternis*) = мрак

grm (*Busch*) = грм

batak (*Keule*) = батак

kratka (*kurz – feminin*) = кратка

Magda = Магда

to (*das*) = то

2. Schreibe in Lateinschrift und lies laut! – Napiši na latinici i čitaj glasno!

мама, тата, баба, деда (*Mama, Papa, Oma, Opa*) = mama, tata, baba, deda

мој аеродром (*mein Flughafen*) = moj aerodrom

моја тема (*mein Thema*) = moja tema

моја беба (*mein Baby*) = moja beba

кратка драма (*ein Kurzdrama*) = kratka drama

То је мој оброк. (*Das ist meine Essensportion.*) = To je moj obrok.

Дара треба море. (*Dara braucht das Meer.*) = Dara treba more.

Београд је мој град. (*Belgrad ist meine Stadt.*) = Beograd je moj grad.

Како је мама? (*Wie geht es der Mama?*) = Kako je mama?

Како је тата? (*Wie geht es dem Papa?*) = Kako je tata?

Где је Мара? (*Wo ist Mara?*) = Gde je Mara?

3. Schreibe auf Kyrillisch und übersetze! – Napiši na ćirilici i prevedi!

Draga! Kako si? = Драга! Како си? = Meine Liebe/Mein Liebes! Wie geht es dir?

Ja sam dobro. = Ја сам добро. = Mir geht es gut.

Kako je beba? = Како је беба? = Wie geht es dem Baby?

Gde je moj tata? = Где је мој тата? = Wo ist mein Papa?

To je dobra ideja. = То је добра идеја. = Das ist eine gute Idee.

Gde je more? = Где је море? = Wo ist das Meer?

Tamo je more. = Тамо је море. = Dort ist das Meer.

Gde je Mara? = Где је Мара? = Wo ist Mara?

Ko to treba? = Ко то треба? = Wer braucht das?

Ja to trebam. = Ја то требам. = Ich brauche das.

4. lekcija

1. Schreibe auf Kyrillisch und lies laut! – Napiši na ćirilici i čitaj glasno!

hotel (*Hotel*) = хотел

mleko (*Milch*) = млеко

tu (*hier*) = ту

luk (*Zwiebel*) = лук

hrabar (*tapfer*) = храбар

rame (*Schulter*) = раме

guma (*Gummi*) = гума

rum (*Rum*) = рум

hala (*Halle*) = хала

duga (*Regenbogen*) = дуга

dur (*Dur*) = дур

klub (*Club*) = клуб

lama (*Lama*) = лама

lutka (*Puppe*) = лутка

buka (*Lärm*) = бука

Goga = Гога

rub (*Rand*) = руб

let (*Flug*) = лет

lekar (*Arzt*) = лекар

kuda (*wohin*) = куда

led (*Eis*) = лед

Ratko = Ратко

lakat (*Ellbogen*) = лакат

beo (*weiß*) = бео

mera (*Maß*) = мера

u (*in*) = у

kula (*Turm*) = кула

mol (*Moll*) = мол

Ula = Ула

hram (*Tempel*) = храм

Homer = Хомер

lom (*Bruch*) = лом

hod (*Gang*) = ход

roda (*Storch*) = рода

bubamara (*Marienkäfer*) = бубамара

duh (*Geist*) = дух

rat (Krieg) = рат

lug (*Auenwald*) = луг

lira (*Lyra*) = лира

letak (*Flugschrift*) = летак

2. Schreibe auf Kyrillisch und lies laut! – Napiši na ćirilici i čitaj glasno!

Lara je moja beba. (*Lara ist mein Baby.*) = Лара је моја беба.

To je jako dobar hotel. (*Das ist ein sehr gutes Hotel.*) = То је јако добар хотел.

Tu je bela kula. (*Hier ist der weiße Turm.*) = Ту је бела кула.

Moj lakat je kratak. (*Mein Ellbogen ist kurz.*) = Мој лакат је кратак.

Mleko je belo. (*Milch ist weiss.*) = Млеко је бело.

Boba je mala. (*Boba ist klein.*) = Боба је мала.

Moj lekar je dobar. (*Mein Arzt ist gut.*) = Мој лекар је добар.

Moj tata je hrabar. (*Mein Papa ist mutig.*) = Мој тата је храбар.

Moja lutka je meka. (*Meine Puppe ist weich.*) = Моја лутка је мека.

Ko je ta dama? (*Wer ist diese Dame?*) = Ко је та дама?

Gde je luk? (*Wo ist die Zwiebel?*) = Где је лук?

Gde je klub? (*Wo ist der Club?*) = Где је клуб?

Kuda? – Tamo. (*Wohin? – Dorthin.*) = Куда? – Тамо.

Kako je Bora? (*Wie geht es Bora?*) = Како је Бора?

Gde je rum? (*Wo ist Rum?*) = Где је рум?

Ratko je u hotelu. (*Ratko ist im Hotel.*) = Ратко је у хотелу.

Ta ideja je dobra i hrabra. (*Diese Idee ist gut und mutig.*) = Та идеја је добра и храбра.

Gora Tara je mala? (*Der Berg Tara ist klein?*) = Гора Тара је мала?

Borka treba dobar obrok. (*Borka braucht eine gute/richtige Essensportion.*) – Борка треба добар оброк.

Moje rame je belo. (*Meine Schulter ist weiß.*) = Моје раме је бело.

Hotel „Bor“ je dobar hotel. (*Hotel „Bor“ ist ein gutes Hotel.*) = Хотел ”Бор” је добар хотел.

Borko je dobar tata. (*Borko ist ein guter Papa.*) = Борко је добар тата.

Kada je rok? (*Wann ist die Frist?*) = Када је рок?

3. Schreibe in Lateinschrift und lies laut! – Napiši na latinici i čitaj glasno!

Тамо је мала хала. (*Dort ist eine kleine Halle.*) = Tamo je mala hala.

Која је мера? (*Wie ist der Maß?*) = Koja je mera?

Ту је рода. (*Hier ist ein Storch.*) = Tu je roda.

Дара је мала. (*Dara ist klein.*) = Dara je mala.

Мато је лекар. (*Mato ist Arzt.*) = Mato je lekar.

Та беба је јако лака. (*Dieses Baby ist sehr leicht.*) = Ta beba je jako laka.

Та лутка је добра. (*Diese Puppe ist gut.*) = Ta lutka je dobra.

Вела боја је лепа боја. (*Weiße Farbe ist eine schöne Farbe.*) = Bela boja je lepa boja.

То је моје млеко. (*Das ist meine Milch.*) = To je moje mleko.

Како је та драга дама? (*Wie geht es dieser netten Dame?*) = Kako je ta draga dama?

Ратко је храбар. (*Ratko ist tapfer.*) = Ratko je hrabar.

Где је лед? (*Wo ist das Eis?*) = Gde je led?

Док је Момо у хотелу, ја требам рум. (*Während Momo im Hotel ist, brauche ich einen Rum.*) = Dok je Momo u hotelu, ja trebam rum.

Та тема је добра. (*Dieses Thema ist gut.*) = Ta tema je dobra.

Тај део је добар. (*Dieser Teil ist gut.*) = Taj deo je dobar.

Лола је у клубу. (*Lola ist im Club.*) = Lola je u klubu.

Моја мама је у граду. (*Meine Mama ist in der Stadt.*) = Moja mama je u gradu.

5. lekcija

1. Schreibe auf Kyrillisch und lies laut! – Napiši na ćirilici i čitaj glasno!

idem (*ich gehe*) = идем

keks = кекс

znati (*wissen*) = знати

uzeti (*nehmen*) = узети

dati (*geben*) = дати

rasti (*wachsen*) = расти

barem (*wenigstens*) = барем

Rada = Рада

jabuka (*Apfel*) = јабука

orah (*Walnuss*) = орах

program = програм

hektar = хектар

istorija (*Geschichte*) = историја

Zora = Зора

meso (*Fleisch*) = месо

izgled (*Aussehen*) = изглед

hartija (*Papier*) = хартија

patos (*Boden*) = патос

so (*Salz*) = со

med (*Honig*) = мед

sos (*Soße*) = сос

zeleno (*grün*) = зелено

zato (*deswegen*) = зато

red (*Ordnung*) = ред

zabluda (*Irrtum*) = заблуда

na (*auf, an*) = на

sa (*mit*) = са

Ines = Инес

hijena (*Hyäne*) = хијена

dim (*Rauch*) = дим

jela (*Tanne*) = јела

inat (*Trotz*) = инат

stati (*anhalten*) = стати

hteti (*wollen*) = хтети

brati (*pflücken*) = брати

ukrasti (*stehlen*) = украсти

jagoda (*Erdbeere*) = јагода

Lidija = Лидија

lek (*Arzneimittel*) = лек

gram = грам

niko (*niemand*) = нико

jeka (*Nachhall*) = јека

sladoled (*Eiscreme*) = сладолед

Radojka = Радојка

rad (*Arbeit*) = рад

sto (*Tisch*) = сто

biber (*Pfeffer*) = бибер

riba (*Fisch*) = риба

dinar = динар

jednak (*gleichartig*) = једнак

zbog (*wegen*) = због

nada (*Hoffnung*) = нада

smog = смог

do (*bis*) = до

za (*für*) = за

tigar = тигар

eho (*Echo*) = ехо

lila = лила

hrast (*Eiche*) = храст

lud (*verrückt*) = луд

2. Schreibe auf Kyrillisch und lies laut! – Napiši na ćirilici i čitaj glasno!

Verb SEIN – glagol BITI

ja sam (*ich bin*) = ја сам

ti si (*du bist*) = ти си

mi smo (*wir sind*) = ми смо

vi ste (*ihr seid; Sie sind*) = ви сте

on/ona/ono je (*er/sie/es ist*) = он/она/оно је oni/one/ona su (*sie sind*) =они/оне/она су

3. Schreibe auf Kyrillisch und lies laut! – Napiši na ćirilici i čitaj glasno!

Zahlen – Brojevi

jedan (1), tri (3) = један (1), три (3)

sedam (7), osam (8), deset (10) = седам (7), осам (8), десет (10)

jedanaest (11), trinaest (13) = једанаест (11), тринаест (13)

sedamnaest (17), osamnaest (18) = седамнаест (17), осамнаест (18)

trideset (30), sedamdeset (70), osamdeset (80), sto (100) = тридесет (30), седамдесет (70), осамдесет (80)

4. Schreibe auf Kyrillisch und lies laut! – Napiši na ćirilici i čitaj glasno!

Koji je danas dan? (*Welcher Tag ist heute?*) = Који је данас дан?

Danas je subota. (*Heute ist Samstag.*) = Данас је субота.

Koji je sutra dan? (*Welcher Tag ist morgen?*) = Који је сутра дан?

Sutra je utorak. (*Morgen ist Dienstag.*) = Сутра је уторак.

Kada idemo da beremo jagode? (*Wann gehen wir Erdbeeren pflücken?*) = Када идемо да беремо јагоде?

Idemo na izlet? (*Machen wir einen Ausflug?*) = Идемо на излет?

Znati ko dolazi – to je dobro. (*Wer da kommt – das ist gut zu wissen.*) = Знати ко долази – то је добро.

Mogu da dobijem keks? (*Kann ich einen Keks bekommen?*) = Могу да добијем кекс?

Ona je uzela jaja, meso i ribu. (*Sie hat Eier, Fleisch und Fisch genommen.*) = Она је узела јаја, месо и рибу.

Mogu da ti dam sladoled. (*Ich kann dir ein Eis geben.*) = Могу да ти дам сладолед.

U redu? (*In Ordnung?*) = У реду?

Gde stajemo? Kod restorana? (*Wo halten wir an? Beim Restaurant?*) = Где стајемо? Код ресторана?

Kako tvoje dete brzo raste! (*Wie schnell wächst dein Kind!*) = Како твоје дете брзо расте!

Hteli ne hteli, ali mala Radojka je sada velika. (*Wollen wir das oder nicht, aber die kleine Radojka ist jetzt groß.)* = Хтели не хтели, али мала Радојка је сада велика.

Ah, barem da imaju malo nade! (*Ach, wenn sie wenigstens ein bisschen Hoffnung hätten!*) =

Ах, барем да имају мало наде!

Molim te, stani! (*Halt an, bitte!*) = Молим те, стани!

Gde rastu tako lepe zelene jabuke? (*Wo wachsen so schöne grüne Äpfel?*) = Где расту тако лепе зелене јабуке?

Mi nismo hteli ni ribu ni sos uz ribu. (*Wir wollten weder Fisch noch die Soße zum Fisch.*) = Ми нисмо хтели ни рибу ни сос уз рибу.

Ne, mala Rada nije ukrala lila hartiju. (*Nein, die kleine Rada hat das lila Papier nicht gestohlen.*) = Не, мала Рада није украла лила хартију.

Ko je tu lud? (*Wer ist hier verrückt?*) = Ко је ту луд?

Zbog Lidije nisi hteo mleko? (*Wegen Lidija wolltest du keine Milch?*) = Због Лидије ниси хтео млеко?

Oni su gledali program, a mi nismo. (*Sie haben das Programm angeschaut, wir aber nicht.*) = Они су гледали програм, а ми нисмо.

Kada si dao lek Borku? (*Wann hast du Borko das Medikament verabreicht?*) = Када си дао лек Борку?

To nije niti jedan gram! (*Das ist nicht mal ein Gramm!*) = То није нити један грам!

5. Schreibe in Lateinschrift und lies laut! – Napiši na latinici i vežbaj čitanje!

Ми добро знамо историју. (*Wir kennen die Geschichte sehr gut.*) = Mi dobro znamo istoriju.

Нико није тако леп као Лола и Матеј. (*Niemand ist so schön wie Lola und Matej.*) = Niko nije tako lep kao Lola i Matej.

Зора је на аеродрому и стоји код таксија. (*Zora befindet sich am Flughafen und steht bei der Taxistation.*) = Zora je na aerodromu i stoji kod taksija.

Јека у хали је једнака као јека у мојој соби. (*Der Wiederhall in der Halle ist gleich wie derjenige in meinem Zimmer.*) = Jeka u hali je jednaka kao jeka u mojoj sobi.

Ми не једемо месо. (*Wir essen kein Fleisch.*) = Mi ne jedemo meso.

Ја радо узимам сладолед за десерт. (*Ich nehme gerne das Eis zum Dessert.*) = Ja rado uzimam sladoled za desert.

Је ли изглед битан? (*Ist das Aussehen wichtig?*) = Je li izgled bitan?

Радојка има велики зелени сто. (*Radojka hat einen großen grünen Tisch.*) = Radojka ima veliki zeleni sto.

Рад је лаган ако знамо како да радимо. (*Die Arbeit ist leicht, wenn wir wissen wie sie zu verrichten ist.*) = Rad je lagan ako znamo kako da radimo.

На патосу је један динар. (*Auf dem Boden liegt ein Dinar.*) = Na patosu je jedan dinar.

И зато не идемо на море? (*Und deswegen gehen wir nicht ans Meer?*) = I zato ne idemo na more?

Где су со и бибер? (*Wo sind Salz und Pfeffer?*) = Gde su so i biber?

Да, морамо да узмемо и мед. (*Ja, wir müssen auch Honig nehmen.*) = Da, moramo da uzmemo i med.

Ко једе рибу? (*Wer isst den Fisch?*) = Ko jede ribu?

Који смог у граду! (*Was für ein Smog in der Stadt!*) = Koji smog u gradu!

Молим кекс уз какао! (*Ein Keks zum Kakao, bitte!*) = Molim keks uz kakao!

Где су сада тигар и хијена? (*Wo sind jetzt Tiger und Hyäne?*) = Gde su sada tigar i hijena?

Реда мора бити! (*Ordnung muss sein!*) = Reda mora biti!

Ти си у заблуди. (*Du unterliegst einem Irrturm.*) = Ti si u zabludi.

Од Београда до Бора није далеко. (*Von Belgrad bis nach Bor ist es nicht weit.*) = Od Beograda do Bora nije daleko.

Е сад не идем с тобом! (*Und jetzt gehe ich nicht mit dir mit!*) = E sad ne idem s tobom!

Који дуги ехо! (*Was für ein langes Echo!*) – Koji dugi eho!

Ја знам како изгледају храст и јела. (*Ich weiß, wie die Eiche und die Tanne aussehen.*) = Ja znam kako izgledaju hrast i jela.

Не идемо јер дим је јак. (*Wir gehen nicht, weil der Rauch stark ist.*) = Ne idemo jer dim je jak.

6. lekcija

1. Schreibe auf Kyrillisch und lies laut! – Napiši na ćirilici i čitaj glasno!

Супермаркет "Тезга"

радно време од девет до двадесет

затворено сваку другу суботу

Нова роба сваки дан!

Избор као у бајци!

Храна, алкохол, козметика и остале добре ствари!

Имамо и цигарете и новине!

Врхунски квалитет!

Добре цене!

Девет локација у Београду!

Близу трамвајске станице!

С нама је угодно!

Ми увек имамо времена!

Види и узми!

Supermarkt „Ladentisch“

Öffnungszeiten von 9 bis 20

jeden zweiten Samstag geschlossen

Neue Ware jeden Tag!

Die Auswahl wie im Märchen!

Lebensmittel, Alkohol, Kosmetiksachen und andere gute Sachen!

Wir haben auch Zigaretten und Zeitungen!

Topqualität!

Gute Preise!

9 Filialen in Belgrad!

In der Nähe einer Straßenbahnstation!

Mit uns ist es angenehm!

Wir haben immer Zeit!

Komm und nimm es!

2. Schreibe auf Kyrillisch und lies laut! – Napiši na ćirilici i čitaj glasno!

У ресторану

Конобарица: - Добар дан! Изволите.

Цвета: - Добар дан! Имате слободан сто за двоје?

Конобарица: - Наравно. Овде је сто.

Цвета: - Хвала. Имате сладолед? Мој син воли да једе сладолед.

Конобарица: - Да, имамо сладолед од ваниле и јагода.

Цвета: - Јовице?

Јовица: - Молим сладолед од ваниле.

Цвета: - Онда молим један сладолед од ваниле за мог Јовицу и један сладолед од јагода за мене.

Конобарица: - У реду.

Im Restaurant

Kellnerin: - Guten Tag! Bitte schön.

Cveta: - Guten Tag! Haben Sie einen freien Tisch für zwei Personen?

Kellnerin: - Natürlich. Hier ist der Tisch.

Cveta: - Danke. Haben Sie Eis? Mein Sohn mag Eis.

Kellnerin: - Ja, wir haben Eis mit Vanille und Erdbeeren.

Cveta: - Jovica?

Jovica: - Ich möchte ein Eis mit Vanille.

Cveta: - Dann hätten wir gern ein Vanilleeis für meinen Jovica und ein Eis mit Erdbeeren für mich.

Kellnerin: - In Ordnung.

3. Schreibe in Lateinschrift und lies laut! – Napiši na latinici i čitaj glasno!

Ponosni tate

Tata 1: - Moja Vukica voli matematiku.

Tata 2: - Ah da? To je interesantno. Moja Gorica ne voli matematiku, ali voli hemiju. To je skoro isto za mene. Mislim, brojevi su i tu i tamo.

Tata 1: - Ne, to nije isto. Matematika je matematika, a hemija je hemija.

Tata 2: - Gorica voli ne samo hemiju nego i biologiju. Zgodno, zar ne?

Tata 1: - Zgodno? Da?

Tata 2: - Da bude lekarka treba hemiju i biologiju.

Stolze Papas

Papa 1: - Meine Vukica mag Mathematik.

Papa 2: - Ach ja? Das ist interessant. Meine Gorica mag die Mathematik nicht, aber dafür die Chemie. Das ist fast gleich für mich. Ich meine, die Zahlen sind sowohl da als auch dort.

Papa 1: - Nein, das ist nicht das Gleiche. Die Mathematik ist Mathematik und die Chemie ist Chemie.

Papa 2: - Gorica mag nicht nur die Chemie, sondern auch die Biologie. Nett, nicht wahr?

Papa 1: - Nett? Ja?

Papa 2: - Um eine Ärztin zu werden braucht sie Chemie und Biologie.

4. Schreibe in Lateinschrift und lies laut! – Napiši na latinici i čitaj glasno!

Koncert

Milica: - Idemo na koncert?

Borivoje: - Na koji koncert?

Milica: - Vlado Georgijev ima koncert u subotu.

Borivoje: - Stvarno?

Milica: - Da.

Borivoje: - To je lepa muzika. Ja veoma volim takvu muziku, volim balade. A karte za koncert?

Milica: - Vuk ima nekoliko karata i zove nas da idemo na koncert.

Borivoje: - Super! Gde je koncert?

Milica: - U koncertnoj Sali Sava Centar.

Borivoje: - Ne znam tu lokaciju. Ja sam tek od nedavno u Beogradu. Da pogledamo na mapi?

Milica: - Ne treba. Vuk zna gde je koncertna dvorana Sava Centra. A i ja znam.

Borivoje: - Onda nazovi Vuka!

Milica: - Naravno!

Konzert

Milica: - Gehen wir ins Konzert?

Borivoje: - Welches Konzert?

Milica: - Vlado Georgijev hat Konzert am Samstag.

Borivoje: - Wirklich?

Milica: - Ja.

Borivoje: - Das ist schöne Musik. Ja mag sehr solche Musik, mag Balladen. Und die Eintrittskarten?

Milica: - Vuk hat einige Karten und lädt uns zum Konzert ein.

Borivoje: - Super! Wo findet das Konzert statt?

Milica: - In der Konzerthalle des Sava Centar.

Borivoje: - Ich kenne diese Location nicht. Ich bin erst seit neulich in Belgrad. Sollen wir in den Stadtplan schauen?

Milica: - Das brauchen wir nicht. Vuk weiß, wo sich die Konzerthalle befindet. Und ich ebenfalls.

Borivoje: - Dann ruf Vuk an!

Milica: - Natürlich!

1. Schreibe auf Kyrillisch und lies laut! – Napiši na ćirilici i čitaj glasno!

После одмора

Продан, Растко, Синиша и Душан су опет у Србији. Продан је из Ниша, Растко је из Новог Сада, Синиша је из Крушевца, а Душан је из Новог Пазара.

И неколико другарица су поново у Србији. Чедомирка је из Суботице, Павлија је из Кикинде, Пелагија је из Деспотовца, Подгорка је из Крагујевца, а Душица је из Смедерева.

Nach dem Urlaub

Prodan, Rastko, Siniša und Dušan sind wieder in Serbien. Prodan kommt aus Niš, Rastko kommt aus Novi Sad, Siniša kommt aus Kruševac und Dušan kommt aus Novi Pazar.

Und einige Freundinnen sind wieder in Serbien. Čedomirka kommt aus Subotica, Pavlija kommt aus Kikinda, Pelagija kommt aus Despotovac, Podgorka kommt aus Kragujevac und Dušica kommt aus Smederevo.

2. Schreibe auf Kyrillisch und lies laut! – Napiši na ćirilici i vežbaj čitanje!

Miloš = Милош

Uroš = Урош

Borislav = Борислав

Boško = Бошко

Velko = Велко

Veselin = Веселин

Vidoje = Видоје

Vladan = Владан

Vladislav = Владислав

Gvozden = Гвозден

David = Давид

Oliver = Оливер

Radivoje = Радивоје

Raša = Раша

Sava = Сава

Vojimir = Војимир

Velinka = Велинка

Vera = Вера

Jelisaveta = Јелисавета

Olivera = Оливера

Savka = Савка

Dubravka = Дубравка

Lepa = Лепа

Svetlana = Светлана

Spasenija = Спасенија

Pava = Пава

Pauna = Пауна

Perka = Перка

Persa = Перса

Petra = Петра

Gaša = Гаша

Vujadin = Вујадин

Cvetin = Цветин

Jevrem = Јеврем

Petruška = Петрушка

Vukasin = Вукасин

Gavrilo = Гаврило

Spira = Спира

Jakov = Јаков

Poleksija = Полексија

3. Schreibe auf Kyrillisch und lies laut! – Napiši na ćirilici i vežbaj čitanje!

Obrenovac = Обреновац

Jagodin = Јагодин

Loznica = Лозница

Lazarevac = Лазаревац

Babušnica = Бабушница

Sremska Mitrovica = Сремска Митровица

Leskovac = Лесковац

Aleksandrovac = Александровац

Velika Plana = Велика Плана

Dimitrovgrad = Димитровград

Kladovo = Кладово

Negotin = Неготин

Sevojno = Севојно

Umka = Умка

Šabac = Шабац

Sombor = Сомбор

Kostolac = Костолац

Vršac = Вршац

Majdanpek = Мајданпек

Svilajnac = Свилајнац

Crvenka = Црвенка

Bajina Bašta = Бајина Башта

Grocka = Гроцка

Zlatibor = Златибор

Mladenovac = Младеновац

Petrovaradin = Петроварадин

Temerin = Темерин

Šid = Шид

4. Schreibe in Lateinschrift und lies laut! – Napiši na latinici i čitaj glasno!

Vreme

Danas je vreme lepo. Sunce sija i nebo je vedro. Naravno, leto je. Ali sutra – sutra dolazi kiša. Tako stoji u novinama, u prognozi vremena. Ja volim kišu. Kiša je topla i ugodna. Kiša uvek ohladi vrelinu. I kad sam na moru, ja volim da pada kiša. Kiša pada, a ja se kupam u moru. Ali kiša na moru ne pada dugo. I to volim.

Wetter

Heute ist das Wetter schön. Die Sonne scheint und der Himmel ist heiter. Natürlich, es ist Sommer. Aber morgen – morgen kommt der Regen. So steht in der Zeitung, in der Wetterprognose. Ich mag Regen. Regen im Sommer ist warm und angenehm. Der Regen kühlt die Hitze immer. Auch wenn ich am Meer bin, mag ich wenn es regnet. Es regnet und ich schwimme im Meer. Aber am Meer regnet nicht lange. Das mag ich auch.

5. Schreibe in Lateinschrift und lies laut! – Napiši na latinici i čitaj glasno!

Dogovor

Gvozden: - Šta ima danas na televiziji?

Svetlana: - U pola osam je dnevnik.

Gvozden: - Znam da je dnevnik u pola osam. Ali šta ima posle?

Svetlana: - Posle je emisija „Junaci našeg doba".

Gvozden: - Dobro. Ima li nešto drugo?

Svetlana: - Na primer?

Gvozden: - Sport.

Svetlana: - Ima. U devet je odbojka… Ali na Drugom programu je emisija o kulturi. A ja volim emisije o kulturi.

Gvozden: - I šta sada da radimo?

Svetlana: - Imam ideju. Ako ti opereš sudove, gledamo sport – ako ja operem sudove, gledamo kulturu.

Gvozden: - … Sve sudove?

Abmachung

Gvozden: - Was gibt es heute im TV?

Svetlana: - Um halb 8 laufen Nachrichten.

Gvozden: - Ich weiß, dass um halb 8 Nachrichten laufen. Aber was gibt es nachher?

Svetlana: - Danach kommt die Sendung „Die Helden unserer Zeit".

Gvozden: - Gut. Gibt es noch etwas?

Svetlana: - Zum Beispiel?

Gvozden: - Sport.

Svetlana: - Doch. Um 9 gibt es Volleyball... Aber im Zweiten Programm läuft eine Kultursendung. Und ich mag Kultursendungen.

Gvozden: - Und was sollen wir jetzt machen?

Svetlana: - Ich habe eine Idee. Wenn du das Geschirr spülst, dann schauen wir uns die Sportsendung an – wenn ich das mache, schauen wir uns die Kultursendung an.

Gvozden: - ... Das ganze Geschirr?

8. lekcija

1. Schreibe auf Kyrillisch und lies laut! – Napiši na ćirilici i čitaj glasno!

a) Telefoni u Srbiji: = Телефони у Србији:

policija – jedan devet dva = **полиција – један девет два**

vatrogasci – jedan devet tri = ватрогасци – један девет три

tačno vreme – devet pet = тачно време – девет пет

brojevi telefona – devet osam osam = **бројеви телефона – девет осам осам**

vojna policija – devet osam šest nula = војна полиција – девет осам шест нула

b) Govorni automati su: = Говорни аутомати су:

- pravoslavni verski praznici i običaji – devet osam dva dva

православни верски празници и обичаји – двет осам два два

- meteorološki podaci – devet osam dva tri

метеоролошки подаци – двет осам два три

- loto i sportska prognoza – devet osam četiri četiri

лото и спортска прогноза – девет осам четири четири

a) Telefonnummern in Serbien:

Polizei – 192

Feuerwehr – 193

Zeit (Wie spät ist es?) – 95

Telefonbuch – 988

Militärpolizei – 9860

b) Sprachautomaten:

Orthodoxe Feiertage und Sitten – 9822

Wetterinformationen – 9823

Lotto und Sportwetten – 9844

2. Schreibe auf Kyrillisch und lies laut! – Napiši na ćirilici i vežbaj čitanje!

Srpska jela = *Serbische Gerichte* = Српска јела

sarma od kiselog kupusa = *Fleischroulade aus Sauerkraut* = сарма од киселог купуса

paradajz čorba = *Dicke Tomatensuppe* = парадајз чорба

pogača s blitvom = *Salziger Kuchen mit Mangold* = погача с блитвом

ajvar od zelenog paradajza = *Ajvar (Gemüseaufstrich) aus grünen Tomaten* = ајвар од зеленог парадајза

pogača s tikvicama = *Salziger Kuchen mit Zucchini* = погача с тиквицама

kolač s muskatnom tikvom = *Kuchen mit Muskatkürbis* = колач с мускатном тиквом

srpska čorba od mesa = *Serbische dicke Fleischsuppe* = српска чорба од меса

junetina s pečurkama = *Jungrindfleisch mit Pilzen* = јунетина с печуркама

vinski paprikaš od somovine = *Weingulasch mit Wels* = вински паприкаш од сомовине

pržena jaja sa slaninom = *gebratene Eier mit Speck* = пржена јаја са сланином

zapečena boranija = *überbackene Weißbohnen* = запечена боранија

pastrmka u vinu = *Forelle in Wein* = пастрмка у вину

belo meso u pavlaci = *Weißes Fleisch in Sauerrahm* = бело месо у павлаци

sarma od slatkog kupusa = *Fleischroulade aus Süßkraut* = сарма од слатког купуса

kiseli feferoni = *eingelegte Pfefferoni* = кисели феферони

biftek = *Beefsteak* = бифтек

fiš-paprikaš = *Gulasch mit Fisch* = фиш-паприкаш

3. Schreibe in Lateinschrift und lies laut! – Napiši na latinici i čitaj glasno!

Živan i Jefimija su muž i žena skoro deset godina. = *Živan und Jefimija sind Mann und Frau seit fast 10 Jahren.*

Čedomirka i Ružica su sestre i žive u Nišu. = *Čedomirka und Ružica sind Schwestern und leben in Niš.*

Filipa i Blaženka su drugarice i idu na kafu. = *Filipa und Blaženka sind Freundinnen und gehen auf einen Kaffee.*

Snežana i Božidarka su komšinice i vole fudbal. = *Snežana und Božidarka sind Nachbarinnen und mögen Fußball.*

Živomir i Nadežda su brat i sestra i vole da igraju šah. = *Živomir und Nadežda sind Geschwister und mögen es Schach zu spielen.*

Želimirka i Momčilo idu u bioskop svaku subotu. = *Želimirka und Momčilo gehen jeden Samstag ins Kino.*

Živka i Časlavka studiraju filozofiju. = *Živka und Časlavka studieren Philosophie.*

Filotej i Sofija idu u osnovnu školu. = *Filotej und Sofija besuchen die Grundschule.*

Božana i Živana su profesorke na univerzitetu. = *Božana und Živana sind Professorinnen an der Uni.*

4. Schreibe in Lateinschrift! – Napiši na latinici!

U Srbiji možete da posetite fantastične lokale i restorane, dobre pabove i lokale s modernom muzikom kao i tradicionalne kafane. Čitav dan možete da kupujete u veoma interesantnim i dobrim mestima za šoping. Želite da vidite znamenitosti Srbije? Možete da posetite manastire i crkve – oni su važni deo srpske kulture i tradicije. Isto tako možete da odete u muzeje i galerije u svim gradovima. U gradovima možete da uživate u barovima, možete da otkrijete čari beogradskih splavova i da posetite čarobne klubove. Ako želite da naučite srpski jezik, možete da upišete tečaj srpskog jezika. Ako tražite ekskluzivan gradski hotel ili želite da odsednete u etno selu, i u tome možete da uživate u Srbiji.

In Serbien können Sie fantastische Lokale und Restaurants, gute Pubs und Lokals mit moderner Musik besuchen, aber auch traditionelle Kaffeehäuser. Den ganzen Tag können Sie in sehr interessanten und guten Shopping-Orten kaufen. Möchten Sie die Sehenswürdigkeiten Serbiens besuchen? Sie können Kloster und Kirchen besuchen – sie sind ein wichtiger Teil der serbischen Kultur und Tradition. Ebenso können sie in Museen und Galerien in allen Städten gehen. In den Städten können Sie die Bars genießen, den Charme Belgraderer Floß-Lokale entdecken und zauberhafte Clubs besuchen. Wollen Sie serbische Sprache lernen, können Sie sich in einen Kurs der serbischen Sprache einschreiben. Suchen Sie ein exklusives Hotel oder möchten Sie in einem Ethno-Dorf Zeit verbringen, auch das können Sie in Serbien genießen.

5. Lies laut! – Čitaj glasno!

forum, futur, čaj, fokus, čembalo, farsa, anemičan, flaša, antipatičan, forma, Žaklina, fizika, Figaro, Ruža, fakat, artičoka, finale, čili, fosil, Fanija, fusnota, figura, Filipa, folija, faktor, Živadinka, fešta, palačinka, fuzija, funta, Živanka, fijaker, forte, familija, žirafa, famozan, praktičan, fanatik, žiri, farma, fenomen, definitivno, farmer, fasciniran, delfin, fatalan, flora, fauna, filozofija, federacija, festival, folklor, figurativan, tajfun, film, Živoslava, filter, finalist, tarifa, finiš, firma, trijumf, formular, Živkica, funkcija, biografija

9. lekcija

1. Schreibe auf Kyrillisch und lies laut! – Napiši na ćirilici i čitaj glasno!

jagnjetina s pasuljem = *Lammfleisch mit Bohnen* = јагњетина с пасуљем

srpske ćufte = *Serbische Fleischbällchen* = српске ћуфте

pljeskavica na srpski način = *Faschiertes Laibchen auf serbische Art* = пљескавица на српски начин

riblja čorba = *Fischsuppe* = рибља чорба

svinjski ražnjići sa žalfijom = *Schweinefleischspieße mit Salbei* = свињски ражњићи са жалфијом

pirinač s povrćem = *Reis mit Gemüse* = пиринач с поврћем

proja sa spanaćem = *Salziger Meisgrießkuchen mit Spinat* = проја са спанаћем

žuti pasulj s govedinom = *Gelbe Bohnen mit Rindfleisch* = жути пасуљ с говедином

teleća kisela čorba = *Saure dicke Rindfleischsuppe* = телећа кисела чорба

keleraba sa ćuftama = *Kohlarabi mit Fleischbällchen* = келераба са ћуфтама

paprike punjene lignjama = *Paprikas gefüllt mit Kalmari* = паприке пуњене лигњама

svinjetina u sosu od ajvara = *Schweinefleisch in Ajvar-Soße* = свињетина у сосу од ајвара

ražnjići od piletine sa sosom od oraha = *Hühnerfleischspieße in Walnußsoße* = ражњићи од пилетине са сосом од ораха

kisele paprike punjene sirom = *Eingelegte Paprikas gefüllt mit Käse* = киселе паприке пуњене сиром

pasulj na starinski način = *Bohnen auf traditionelle Art* = пасуљ на старински начин

mešani pileći ražnjići = *Gemischte Hühnerfleischspieß* = мешани пилећи ражњићи

2. Schreibe auf Kyrillisch und lies laut! – Napiši na ćirilici i čitaj glasno!

Детињство

Ја се добро сећам мојих школских другара и другарица. Мој најбољи друг се звао Љубомир Пресановић. Он је седео са мном у клупи и сви су га звали Љуба. Ја сам увек играо с њим и са Смиљаном фудбал на великом одмору. Да је Смиљана играла с нама фудбал, није било необично: кад смо деца, онда нема разлике – сви се играмо заједно. Смиља је била заљубљена у Драгољуба. Њега смо звали Драган и он је био најбољи ученик у разреду. Он је седео са Жељком у клупи и они су били заљубљени. Много девојчица у разреду су биле заљубљене у Драгана. Посебно Босиљка, Миља и Дуња. У Босиљку, Миљу и Дуњу су били други дечаци заљубљени: у Босиљку је био заљубљен Љуба, у Миљу је био заљубљен Огњен, а у Дуњу је био заљубљен Немања. Кад је у разред дошао Угљеша Перић, онда се све променило. И љубав, и другарство и фудбал. Заправо не знам да ли се све променило због Угљеше Перића или зато што смо сви дошли у пубертет.

Kindheit

Ich erinnere mich gut an meine Schulfreunde und -freundinnen. Mein bester Freund hat Lju-

bomir Presanović geheißen. Er ist neben mir auf der Schulbank gesessen und alle haben ihn Ljuba genannt. Ich habe in der Schulpause mit ihm und mit Smiljana immer Fußball gespielt. Dass Smiljana mit uns Fußball gespielt hat, war nicht ungewöhnlich: Wenn man ein Kind ist, gibt es keinen Unterschied – alle spielen zusammen. Smilja war verliebt in Dragoljub. Wir haben ihn Dragan genannt und er war der Musterschüler in der Klasse. Er ist neben Željka auf der Schulbank gesessen und sie waren ineinander verliebt. Viele Mädchen in der Klasse waren in Dragan verliebt. Besonders Bosiljka, Milja und Dunja. In Bosiljka, Milja und Dunja waren andere Buben verliebt: In Bosiljka war Ljuba verliebt, in Milja war Ognjen verliebt, und in Dunja war Nemanja verliebt. Als in die Klasse Uglješa Perić gekommen, hat sich alles geändert. Sowohl die Liebe als auch Freundschaft als auch Fußball. Eigentlicht weiß ich nicht, ob sich alles wegen Uglješa Perić geändert hat, oder weil wir alle in die Pubertät gekommen sind.

3. Schreibe in Lateinschrift und lies laut! – Napiši na latinici i čitaj glasno!

Radnja mojeg oca

Ja se zovem Ćanka Dražić i ja živim u Dorćolu. Dorćol se nalazi u centru Beograda. Moji roditelji imaju malu staru kuću gde sam ja odrasla. Naša kuća ima prizemlje, prvi i drugi sprat. Mi živimo na prvom i drugom spratu, a u prizemlju kuće moj otac ima radnju. On je krojač u trećoj generaciji. On uglavnom radi opravke odeće za svoje stalne mušterije. Čak i nedeljom. Iako on ne može da puno zaradi i iako ima veliku konkurenciju u skupim radnjama, on voli svoj posao.

Der Laden meines Vaters

Ich heiße Ćanka Dražić und ich lebe in Dorćol. Dorćol befindet sich in Zentrum von Belgrad. Meine Eltern haben ein kleines altes Haus, wo ich aufgewachsen bin. Unser Haus hat den Erdgeschoss, das erste und das zweite Stockwerk. Wir leben im ersten und im zweiten Stockwerk, und im Erdgeschoss hat mein Vater seinen Laden. Er ist Schneider in dritter Generation. Er macht meistens Kleidungsreparaturen für seine Stammkunden. Sogar auch sonntags. Obwohl er nicht viel verdienen kann und obwohl er in großer Konkurrenz zu teueren Geschäften steht, mag er seinen Job.

4. Schreibe in Lateinschrift und lies laut! – Napiši na latinici i čitaj glasno!

Banje u Srbiji

U Srbiji su banje veoma omiljene. Vrnjačka Banja je veoma lepa banja i ima čak sedam izvora lekovite vode. Sokobanja je isto tako lepa banja i njene vode su dobre protiv astme i disajnih problema. Banja Koviljača ili Kraljevska banja ima bogatu istoriju i dugu tradiciju u lečenju osteoporoze i reume. Niška Banja je jedna od najpopularnijih banja u Srbiji i njeni lekarski timovi su odlični u dijagnostici. Ovčar Banja je u centru netaknute prirode i njena voda ima trideset osam stepena. Banja Kanjiža se nalazi u Vojvodini i njene vode su neverovatno tople – između pedeset i sedamdeset stepena.

Thermen in Serbien

In Serbien sind Thermen sehr beliebt. Vrnjačka Banja ist eine sehr schöne Therme und hat sogar 7 Heilwasserquellen. Sokobanja ist auch eine schöne Therme und ihr Wasser ist gut gegen Asthma und gegen Atemwegsprobleme. Banja Koviljača oder Königliche Therme hat eine reiche Geschichte und lange Tradition bei Behandlung von Osteoprose und Rheuma. Niška Banja ist eine der populärsten Thermen in Serbien und ihre Ärzteteams sind ausgezeichnet in Diagnostik. Ovčar Banja befindet sich mitten der unberührten Natur und ihr Wasser ist 38 Grad heiß. Banja Kanjiža liegt in Vojvodina und ihr Wasser ist unglaublich warm – zwischen 50 und 70 Grad.

10. lekcija

1. Schreibe auf Kyrillisch und lies laut! – Napiši na ćirilici i vežbaj čitanje!

Која јела волимо?

Ја волим ђувеч. Моја мама воли пилећу џигерицу. Мој тата воли леђну сланину. Моја старија сестра Рађа воли колаче са смеђим шећером. Мој млађи брат Ђорђе воли грожђе и колаче који се зову медвеђе шапе. Моја тетка Анђелка воли чорбу од медвеђег лука. Моја стрина Ђурђа воли сок од ђумбира. Мој стриц Ђуро воли сва јела с патлиџаном. Моја баба Анђа воли џем од шљива и џем од кајсија.

Welche Gerichte mögen wir?

Ich mag đuveč (Schmorgericht aus Gemüse, Fleisch und Reis). Meine Mama mag Hühnerleber. Mein Papa mag Rückenspeck. Meine ältere Schwester Rađa mag Kuchen mit Braunzucker. Mein jüngerer Bruder Đorđe mag Trauben und den Kuchen, der „Bärenpfoten“ heißt. Meine Tante Anđelka mag dicke Bärlauchsuppe. Meine Tante Đurđa mag Ingwer-Saft. Mein Onkel Đuro mag alle Gerichte mit Melanzani. Meine Oma Anđa mag Pflaumenmarmelade und Marillenmarmelade.

2. Schreibe auf Kyrillisch und lies laut! – Napiši na ćirilici i vežbaj čitanje!

Моја сестра

Моја сестра се зове Ђулијана и ја је јако волим. Али оно што ја не волим код ње јесте њено тражење ствари по кући. У суботу је, на пример, цео дан тражила своје смеђе ђинђуве. На крају их је нашла, али и ја сам морао да тражим те ђинђуве. Али – морам да признам – и она мени помаже код домаћих задатака па је фер да и ја њој понекад помажем. Али прекјуче је опет била потрага за њеним стварима – за пиџамом. Она је рекла: "Ђурице, буди џентлмен и помози дами у невољи." Тако сам и ја тражио пиџаму. И нашли смо пиџаму у џаку за стару одећу. Како је она тамо дошла, ја то не знам. Сада тражимо њен џемпер и чизме. Ђулијана је рекла да ћу да добијем пола њеног џепарца ако их нађем.

Meine Schwester

Meine Schwester heißt Đulijana und ich liebe sie sehr. Aber das was ich bei ihr nicht mag, ist ihre Suche nach Sachen durch die Wohnung. Am Samstag hat sie, zum Beispiel, den ganzen Tag ihre braune Ohrringe gesucht. Schließlich hat sie sie gefunden, aber auch ich mußte diese Ohrringe suchen. Aber – das muss ich zugeben – sie hilft mir auch bei Hausaufgaben, so ist es fair, dass ich ihr auch manchmal helfe. Aber vorgestern gab es auch wieder eine Suche nach ihren Sachen – nach ihrem Pyjama. Sie hat gesagt: „Đurica, sei ein Gentleman und hilf der Dame in Not." So habe ich auch den Pyjama mit gesucht. Und wir haben den Pyjama in einem Sack mit alten Kleidern gefunden. Wie ist er dort gelangt, das weiß ich nicht. Jetzt suchen wir ihren Pullover und ihre Stiefel. Đulijana hat gesagt, dass ich die Hälfte ihres Taschengeldes bekommen werde, wenn ich sie gefunden habe.

3. Schreibe in Lateinschrift und lies laut! – Napiši na latinici i vežbaj čitanje!

Oglas

Izdajemo mali nameštení dvosobni stan u Beogradu sa centralnim grejanjem. Stan je nov i u blizini je autobuska stanica i pijaca. U kvartu se nalazi također i engleski koledž Džordž Bajron kao i osnovna škola. Stan iznajmljujemo i porodicama i studentima.

Inserat

Wir vermieten eine kleine möblierte Wohnung in Belgrad mit Zentralheizung. Die Wohnung ist neu und in der Nähe befinden sich Bushaltestelle und Gemüsemarkt. Im Viertel befindet sich auch die englische Universität Georg Byron, sowie eine Grundschule. Die Wohnung vermieten wir sowohl an Familien als auch an Studenten.

4. Schreibe in Lateinschrift und lies laut! – Napiši na latinici i vežbaj čitanje!

Ćevabdžinica „Veseli ćevapi"

U ulici Džordža Vašingtona otvorena je ćevabdžinica „Veseli ćevapi“. Vlasnik ćevabdžinice je inženjer Đuro Đorđević i gospođa Đurđica Samardžić. Nova ćevabdžinica ima na ponudi klasične ćevape i lokal je veoma ugodan. Kad smo pitali zašto se njihova radnja zove „Veseli ćevapi“, gospodin Đorđević je rekao: „Kad vidim deset malih ćevapa na tanjiru, onda oni izgledaju za mene kao mala vesela deca. Zato se naša radnja zove „Veseli ćevapi“.

Imbissladen für ćevapi (Hackfleischröllchen) namens „Lustige ćevapi“

In der Georg Washington Straße wurde der Imbissladen für ćevapi eröffnet. Der Imbissbesitzer ist Ingenieur Đuro Đorđević und Frau Đurđica Samardžić. Der neue Imbissladen hat im Angebot klassische ćevapi (Hackfleischröllchen) und das Lokal ist sehr gemütlich. Als wir gefragt haben, warum der Laden „Lustige ćevapi“ heißt, hat Herr Đorđević gesagt: „Wenn ich auf den Teller 10 kleine ćevapi sehe, dann sehen sie für mich aus wie kleine lustige Kinder. Deswegen heißt unser Laden „Lustige ćevapi“.

5. Schreibe in Lateinschrift und lies laut! – Napiši na latinici i vežbaj čitanje!

Telefonski brojevi = Telefonnummern

Hitna pomoć – jedan devet četiri = *Rettungsdienst – 194*

Vojna hitna pomoć – devet sedam šest = Militärrettungsdienst – 976

Prijava telefonskih smetnji – devet sedam sedam = Telefonstörungen – 977

Pomoć na putu – devet osam sedam = Pannendienst – 987

Služba buđenja – devet osam jedan jedan = Weckdienst per Telefon – 9811

Razna obaveštenja – devet osam jedan dva – Verschiedene Informationen – 9812

11. lekcija

1. Lies laut! – Vežbaj čitanje!

definitivno	disketa	pidžama
kandidat	cigareta	admiral
papagaj	paradajz	katedrala
gramatika	digresija	dijamant
meteorologija	vaga	dresura
arheologija	dinosaurus	kondor
fudbal	bas	bife
šofer	diskusija	Balkan

kafa
bedž
snob
grof
šunka
brigada
biro
garderoba
kurir
model
milion
salama

džem
magazin
film
kugla
hokej
vodvilj
garancija
drenaža
manir
rezerva
kasa
freska

lord
rum
džungla
šminka
as
bal
dama
komandir
moda
arija
lava
gama

2. Lies laut! – Vežbaj čitanje!

horizont
palma
antilopa
eventualno
antipatičan
Tara
nautika
fantazija
planet
zenit
Tomo
Jupiter
Venera
helikopter
istorija
bestseler
vakuum
tramvaj
stop

fanatičan
ćevapčići
biskvit
apostol
Timotije
start
banka
komet
tulipan
televizija
astronomija
albatros
oltar
marcipan
atom
teritorij
hijena
meteorit
ekran

kaktus
stepa
sultan
Toronto
pol
ekvador
Pavle
sport
parola
Tihana
tata
centar
patrola
pab
papir
Niš
Saturn
zebra
Mars

Sibir	arsenal	komisija
baraka	frizura	kafana
kukuruz	kivi	balet
biografija	major	radio
realizacija	rakija	sardina
Barcelona	artikl	kozmonaut
Mađarska	banket	Neptun
violina	kontrabas	klavir
dirigent	policija	auto
Adam	Sokrat	intervju
duet	kompjuter	telefon
konflikt	internacionalan	puding
džemper	krompir	majstor
futrola	artiljerija	armija
Bukurešt	kanton	paraf
apoteka	kompas	salata
sirup	votka	metal

3. Lies laut! – Vežbaj čitanje!

Oglasi

Udovac (45 godina) iz Beograda, po zanimanju mehaničar, traži partnerku. Hobiji: automobili, fudbal i šetnje uz Dunav. Volim da kuvam i da se brinem o kući. Želje: brak i deca. Šifra: „Zauvek tvoj"

Udovica (35 godina) iz Niša, po zanimanju medicinska sestra, traži partnera. Nemam decu, volim da pišem poeziju. Iako pišem poeziju, nisam romantična: ne volim da šetam i da gledam zvezde po noći. Volim da igram odbojku i da izlazim. Šifra: „Život je kratak"

Inserate

***Witwer** (45 Jahre) aus Belgrad, Mechaniker von Beruf, sucht eine Partnerin. Hobbys: Autos, Fußball und Spaziergänge entlang der Donau. Ich koche gerne und kümmere mich um den Haushalt. Wünsche: Ehe und Kinder. Kennwort: „Dein für immer"*

***Witwe** (35 Jahre) aus Niš, Krankenschwester von Beruf, sucht einen Partner. Ich habe keine Kinder, ich mag Poesie zu schreiben. Obwohl ich Poesie schreibe, bin ich nicht romantisch: Ich mag keine Spaziergänge und in die Sterne schauen. Ich mag Volleyball spielen und am Abend* *ausgehen. Kennwort: „Das Leben ist kurz"*

4. Lies laut! – Vežbaj čitanje!

Perfektni dan

Danas imam slobodan dan. To je lepo. Ne moram ništa da radim. Znači: mogu da radim šta hoću. Danas mogu da pijem kafu na miru, mogu da doručkujem dugo, mogu da idem u grad. Šta mogu da radim u gradu? Mogu da posetim Mariju. Da, mogu da odem do nje i da je pitam kako je. Onda možemo da idemo zajedno na ručak. Gde na ručak? Da, to je dobro pitanje. Ali Marija sigurno zna dobre restorane. Posle ručka možemo da odemo u park, da sedimo na klupi i da pričamo. To je lepo – park u proleće. Uveče možemo da idemo u bioskop ili u pozorište. U bioskopima ima uvek dobrih filmova i u pozorištu ima uvek dobrih predstava. Posle možemo da odemo u neki noćni klub i da igramo. Ili samo da slušamo muziku. To je lepo. Imati perfektni dan.

Ein perfekter Tag

Heute habe ich einen freien Tag. Das ist schön. Ich muss nichts tun. Das heißt: Ich kann machen was ich will. Heute kann ich meinen Kaffee in Ruhe trinken, ich kann lange frühstücken, ich kann in die Stadt gehen. Was kann ich in der Stadt machen? Ich kann Marija besuchen. Ja, ich kann zu ihr gehen und sie fragen, wie es ihr geht. Dann können wir gemeinsam zu Mittag essen. Wo essen zu Mittag? Ja, das ist eine gute Frage. Aber Marija kennt sicher gute Restaurants. Nach dem Mittagessen können wir in den Park gehen, auf der Bank sitzen und uns unterhalten. Das ist schön – der Park im Frühling. Am Abend können wir ins Kino oder ins Theater gehen. In Kinos gibt es immer gute Filme und in Theatern gibt es immer gute Vorstellungen. Danach können wir in einen Club gehen und tanzen. Oder nur die gute Musik hören. Das ist schön. Einen perfekten Tag haben.

5. Lies laut! – Vežbaj čitanje!

Citati

Moj sin se zove Timotije i ima pet godina. On ima veoma zanimljive misli i ja moram da ga citiram. On kaže na primer:

Danas nema sunca jer se sunce još nije probudilo.

Moja baka je debela jer ona nosi puno reči u sebi.

Ja volim da idem u zološki vrt jer tamo mogu da vidim majmune koji se smeju ljudima.

Moj tata ponekad komplikuje moju mamu, a moja mama ponekad ne razume šta moj tata govori.

Ja volim da idem na selo kod babe Dare jer ona ima kokoške koje su prirodne.

Zitate

Mein Sohn heißt Timotije und ist fünf Jahre alt. Er hat sehr interessante Gedanken und ich muss ihn zitieren. Er sagt zum Beispiel:

Heute gibt es keine Sonne, weil die Sonne noch nicht aufgewacht ist.

Meine Oma ist dick, weil sie viele Wörter in sich trägt.

Ich mag den Tiergarten zu besuchen, weil dort ich Affen sehen kann, die über Menschen lachen.

Mein Papa kompliziert meine Mama manchmal, und meine Mama versteht manchmal nicht, was mein Papa sagt.

Ich mag ins Dorf zu Oma Dara fahren, weil sie Hennen hat, die natürlich sind.

6. Lies laut! – Vežbaj čitanje!

Poruke

Na stolu leži poruka od Petra:

Dolazim za pet minuta. Zašto ne radi tvoj mobilni telefon?

Nakon deset minuta Gordana čita poruku i piše poruku:

Ja idem kod frizera. Dolazim za tri časa. Ne znam zašto ne radi moj mobilni.

Nakon tri sata Petar piše poruku:

Gde si? Ne javljaš se na mobilni. Ja sada idem kod mehaničara. Dolazim za dvadeset minuta.

Nakon trideset minuta Gordana piše poruku:

Zašto sada ne radi tvoj mobilni? Kada dolaziš? Ja moram da idem u školu zbog Dragana, danas je roditeljski sastanak. Dolazimo kući posle pet.

U šest Petar piše poruku:

Gde ste? Ja ne volim da pišem poruke na hartiji ako već svi imamo mobitele. Idem na trening. Dolazim oko osam.

U deset Gordana piše poruku:

Gde si? Večera je na stolu, ja spavam. Sutra sam ceo dan na konferenciji. A ti?

Nachrichten

Auf dem Tisch liegt eine Nachricht von Petar:

Ich komme in 5 Minuten. Warum funktioniert dein Handy nicht?

Nach 10 Minuten liest Gordana die Nachricht und schreibt eine Nachricht:

Ich gehe zum Friseur. Ich bin in drei Stunden zurück. Ich weiß nicht, was mit meinem Handy los ist.

Nach drei Stunden schreibt Petar die Nachricht:

Wo bist du? Du meldest dich nicht am Handy. Ich gehe jetzt zum Mechaniker. Ich bin in 20 Minuten zurück.

Nach 30 Minuten schreibt Gordana die Nachricht:

Warum funktioniert jetzt dein Handy nicht? Wann kommst du zurück? Ich muss in die Schule wegen Dragan, heute ist Elternabend. Wir sind zu Hause nach 5.

Um 6 schreibt Peter die Nachricht:

Wo seid ihr? Ich mag nicht Nachrichten auf Papier zu schreiben, wenn wir alle schon Handys haben. Ich gehe zu meinem Training. Ich bin zurück gegen 8.

Um 9 schreibt Gordana die Nachricht:

Wo bist du? Das Abendessen ist auf dem Tisch, ich schlafe. Morgen bin ich den ganzen Tag in einer Konferenz. Und du?

12. lekcija

2. Schreibe auf Kyrillisch in Schreibschrift und lies laut! – Napiši na pisanoj ćirilici i vežbaj čitanje!

galaksija = ***галаксија***

agava = ***агава***

ada = ***ада***

akacija = ***акација***

Indija = ***Индија***

geografija = ***географија***

menza = ***менза***

bambus = ***бамбус***

vikend = ***викенд***

banda = ***банда***

muzika = ***музика***

smog = ***смог***

majka = ***мајка***

Sava = ***Сава***

ekologija = ***екологија***

alkohol = ***алкохол***

huligan = ***хулиган***

Ilija = ***Илија***

soda = ***сода***

jubilej = ***јубилеј***

deo = део

hiljada = хиљада

agrar = аграр

aukcija = аукција

decidiran = децидиран

dresura = дресура

kadifa = кадифа

konkavan = конкаван

oralan = оралан

vezir = везир

civilizacija = цивилизација

masovno = масовно

ajvar = ајвар

bilans = биланс

digresija = дигресија

imigracija = имиграција

konfuzija = конфузија

musaka = мусака

rival = ривал

Danska = Данска

3. Schreibe auf Kyrillisch in Schreibschrift und lies laut! – Napiši na pisanoj ćirilici i vežbaj čitanje!

Draga Gordana! = Драга Гордана!

Draga Dunja! = Драга Дуња!

Draga Smiljana! = Драга Смиљана!

Dragi Njegoslave! = Драги Његославе!

Dragi Dragoljube! = Драги Драгољубе!

Dragi Ljubo! = Драги Љубо!

4. Schreibe auf Kyrillisch in Schreibschrift und lies laut! – Napiši na pisanoj ćirilici i vežbaj čitanje!

afinitet = афинитет

bagatela = багатела

citadela = цитадела

duplikat = дупликат

entitet = ентитет

fundament = фундамент

insekt = инсект

intencija = интенција

amortizer = амортизер

desert = десерт

plasman = пласман

emigrant = емигрант

evidentno = евидентно

gabarit = габарит

integritet = интегритет

intenzitet = интензитет

irelevantan = ирелевантан

kontradiktoran = контрадикторан

orbita = орбита

proces = процес

pompa = помпа

rabat = рабат

striktan = стриктан

šank = шанк

terakota = теракота

trik = трик

vinjeta = вињета

kompot = компот

notoran = нотоan

opsesija = опсесија

plafon = плафон

pumpa = пумпа

relevantan = релевантан

spontano = спонтано

šansona = шансона

tendencija = тенденција

tirada = тирада

vijadukt = вијадукт

šarlatan = шарлатан

viski = виски

5. Schreibe auf Kyrillisch in Schreibschrift und lies laut! – Napiši na pisanoj ćirilici i vežbaj čitanje!

Poštovani gospodine Markoviću! = Поштовани господине Марковићу!

Poštovana gospođo Perić! = Поштована госпођо Перић!

Poštovani gospodine Vladiću! = Поштовани господине Владићу!

Poštovana gospođo Jovanović! = Поштована госпођо Јовановић!

poštovani = geehrter; poštovana = geehrte

6. Schreibe den Text ab und lies laut! – Prepiši tekst i vežbaj čitanje!

Meseci u godini su: januar, februar, mart, april, maj, juni, juli, avgust, septembar, oktobar, novembar i decembar.

Monate im Jahr sind: Januar, Februar, März, April, Mai, Juni, Juli, August, September, Oktober, November und Dezember.

Dana u nedelji su: ponedeljak, utorak, sreda, četvrtak, petak, subota i nedelja.

Tage in der Woche sind: Montag, Dienstag, Mittwoch, Donnerstag, Freitag, Samstag und Sonntag.

Godišnja doba su: proleće, leto, jesen i zima.

Jahreszeiten sind: Frühling, Sommer, Herbst und Winter.

7. Schreibe den Text in Schreibschrift ab! – Prepiši tekst pisanim slovima!

Нови филм

Данило: - Идемо данас у биоскоп?

Мила: - Добра идеја. Шта гледамо?

Данило: - Знаш филм "Било једном у Србији"?

Мила: - Не, не знам. То је нови филм?

Данило: - Да.

Мила: - Је ли то драма?

Данило: - И драма и комедија. Критичари кажу да је то добар филм. Играју добри глумци.

Мила: - Може. Ја волим да гледам домаће филмове.

Ein neuer Film

Danilo: - Gehen wir heute ins Kino?

Mila: - Gute Idee. Was schauen wir uns an?

Danilo: - Kennst du den Film „Es war einmal in Serbien“?

Mila: - Nein, ich kenne ihn nicht. Das ist ein neuer Film?

Danilo: - Ja.

Mila: - Ist das ein Drama?

Danilo: - Sowohl Drama als auch Komödie. Die Kritiker sagen, dass das ein guter Film ist. Es spielen gute Schauspieler und Schauspielerinnen.

Mila: - In Ordnung. Ich mag heimische Filmproduktionen.

Beantworte die Fragen in kyrillischer Schreibschrift! – Odgovori pismeno koristeći ćirilična pisana slova!

1. Ko ide u bioskop? = *Wer geht ins Kino?* – **Мила и Данило.** (*Mila und Danilo.*)

2. Koji je film u bioskopu? = *Welcher Film läuft im Kino?* – **"Било једном у Србији".** („*Es war einmal in Serbien*")

3. Je li to novi film? = *Ist das ein neuer Film?* – **Да, то је нови филм.** (*Ja, das ist ein neuer Film.*)

4. Je li film drama ili komedija? = *Ist der Film ein Drama oder eine Komödie?* – **Филм је и драма и комедија.** (*Der Film ist sowohl ein Drama als auch eine Komödie.*)

5. Šta kažu kritičari za film? = *Was sagen die Kritiker zum Film?* – **Критичари кажу да је филм добар.** (*Die Kritiker sagen, dass der Film gut ist.*)

6. Ko igra u filmu? = *Wer spielt im Film?* – **У филму играју добри глумци и глумице.** (*Im Film spielen gute Schauspieler und Schauspielerinnen mit.*)

7. Da li Mila voli da gleda domaće filmove? = *Mag Mila heimische Filmproduktionen?* – **Да.** (*Ja.*)

8. Lies und beantworte die Fragen! – Čitaj i odgovori na pitanja!

Idemo u pozorište

Smiljana: - Hoćemo u pozorište?

Vuk: - Naravno. To želimo već dugo. Šta ima na repertoaru?

Smiljana: - „Gospođa ministarka" igra u Narodnom pozorištu.

Vuk: - Odlično. Ja volim Branislava Nušića. On je moj omiljeni pisac.

Smiljana: - I moj.

Vuk: - Kada su predstave?

Smiljana: - U subotu je premijera.

Vuk: - Onda idemo u subotu.

Wir gehen ins Theater

Smiljana: - Wollen wir ins Theater?

Vuk: - Natürlich. Das wollen wir schon lange. Was gibt es auf dem Repertoire?

Smiljana: - „Frau Ministerin" spielt im Volkstheater.

Vuk: - Sehr gut. Ich mag Branislav Nušić. Er ist mein Lieblingsautor.

Smiljana: - Meiner auch.

Vuk: - Wann finden die Vorstellungen statt?

Smiljana: - Am Samstag ist die Premiere.

Vuk: - Dann gehen wir am Samstag hin.

Pitanja:

1. Da li Smiljana i Vuk žele već dugo da idu u pozorište? = *Wollen Smiljana und Vuk schon lange ins Theater?* – Da. (*Ja.*)

2. Šta ima na repertoaru u Narodnom pozorištu? = *Was gibt es auf dem Repertoire im Volkstheater?* – „Gospođa ministarka“. („*Frau Ministerin*“.)

3. Ko voli Branislava Nušića? = *Wer mag Branislav Nušić?* – Vuk i Smiljana vole Branislava Nušića. (*Vuk und Smiljana mögen Branislav Nušić.*)

4. Kada je premijera? = *Wann ist die Premiere?* – Premijera je u subotu. (*Die Premiere ist am Samstag.*)

5. Da li Smiljana i Vuk idu na premijeru? = *Gehen Smiljana und Vuk zur Premiere?* – Da. (*Ja.*)

9. Lies und beantworte die Fragen! – Čitaj i odgovori na pitanja!

Kako izgleda moja učiteljica?

Moja učiteljica se zove Zvezdana i ona je mlada. Ona ima dugu smeđu kosu i plave oči. Ona je visoka i vitka. Moja učiteljica često nosi košulje i pantalone. Ponekad nosi suknju. Moja učiteljica se često smeje i zato ja volim moju učiteljicu.

Wie sieht meine Lehrerin aus?

Meine Lehrerin heißt Zvezdana und sie ist jung. Sie hat lange braune Haare und blaue Augen. Sie ist groß und schlank. Meine Lehrerin trägt oft Hemden und Hosen. Manchmal trägt sie einen Rock. Meine Lehrerin lacht oft und deswegen mag ich meine Lehrerin.

Pitanja:

1. Kako se zove njegova učiteljica? = *Wie heißt seine Lehrerin?* – Ona se zove Zvezdana. (*Sie heißt Zvezdana.*)

2. Je li ona stara? = *Ist sie alt?* – Ne, ona nije stara, ona je mlada. (*Nein, sie ist nicht alt, sie ist jung.*)

3. Kakvu kosu ima Zvezdana? = *Was für ein Haar hat Zvezdana?* – Ona ima dugu smeđu kosu. (*Sie hat lange braune Haare.*)

4. Kakve su njene oči? = *Wie sind ihre Augen?* – Njene oči su plave. (*Ihre Augen sind blau.*)

5. Je li ona niska? = *Ist sie klein?* – Ne, ona je visoka. (*Nein, sie ist groß.*)

6. Je li ona vitka ili punašna? = *Ist sie schlank oder mollig?* – Ona je vitka. (*Sie ist schlank.*)

7. Šta često nosi Zvezdana? = *Was trägt Zvezdana oft?* – Zvezdana često nosi košulje i pantalone. (*Zvezdana trägt oft Hemden und Hosen.*)

8. Šta ponekad nosi Zvezdana? = *Was trägt Zvezdana manchmal?* – Zvezdana nosi ponekad suknju. (*Zvezdana trägt manchmal einen Rock.*)

9. Zašto on voli učiteljicu Zvezdanu? = *Warum mag er die Lehrerin Zvezdana?* – On voli Zvezdanu jer se ona često smeje. (*Er mag Zvezdana, weil sie oft lacht.*)

10. Schreibe den Text in Lateinschrift ab und lies laut! – Prepiši tekst na latinicu i čitaj glasno!

Znam ćirlicu!

Šta sada mogu? Sada mogu da čitam knjige, novine i na internetu različite sajtove. Mogu da pišem mejlove i sms-ove. Mogu da čitam nazive ulica i nazive prodavnica bez problema. Mogu čak da pišem moj privatni dnevnik na ćirilici. Mogu da napišem i knjigu na ćirilici. To je interesantno jer ja već dugo skupljam ideje za moju knjigu. Ali ne želim odmah da pišem na ćirilici nego tek posle.

Ovo su moje ideje:

- Moj junak se zove Lukas. On je profesor geografije i voli da putuje. Kao ja.

- On želi da poseti Srbiju jer tamo ima rodbinu. Zašto? Njegova mama je iz Srbije.

- Šta je njegov problem? On ne zna srpski i ne zna ćirilicu. To nije veliki problem jer rodbina zna engleski. Njegov problem je što on želi da ide svake godine u Srbiju. Dakle, on treba srpski i ćirilicu.

- On želi da upozna Beograd, Novi Sad i Niš.

To je sve od ideja. Zasada.

Ah, da! Ovo je ideja od danas, zapisao sam je na cedulji:

- Moj Lukas treba da upozna devojku. Ona se zove Sonja. Ona isto voli da putuje kao Lukas. Ali ona želi da upozna Evropu. To je problem za Lukasa. Šta Lukas može da napravi? Može da putuje sa Sonjom po Evropi ili da ostane u Srbiji.

Da, to su moje ideje. Ali te ideje već mogu da pišem i na latinici i na ćirilici.

Ich kann Kyrillisch schreiben!

Was kann ich jetzt alles tun? Ich kann Bücher, Zeitungen und Webseiten lesen. Ich kann E-Mails und SMS schreiben. Ich kann problemlos Straßennamen und Anschriften an den Lä-

den lesen. Ich kann sogar mein privates Tagesbuch auf Kyrillisch führen. Ich kann auch ein Buch auf Kyrillisch schreiben. Das ist interessant, weil ich schon lange die Idee für mein Buch sammle. Aber ich möchte nicht gleich auf Kyrillisch schreiben, sondern erst später.

Das sind meine Ideen:

- Mein Held heißt Lukas. Er ist Geographieprofessor und mag Reisen. So wie ich.

- Er will Serbien besuchen, weil er dort Verwandtschaft hat. Warum? Weil seine Mutter herkunftsmäßig aus Serbien stammt.

- Was ist sein Problem? Er kann nicht Serbisch und kennt die kyrillische Schrift nicht. Das ist kein großes Problem, weil seine Verwandtschaft Englisch kann. Sein Problem ist, dass er jedes Jahr Serbien besuchen will. Also er braucht Serbisch und Kyrillisch.

- Er will Belgrad, Novi Sad und Niš kennenlernen.

Das ist alles von den Ideen. Vorerst.

Ach, ja! Das ist die Idee von heute, geschrieben auf einem Zettel:

- Mein Lukas soll eine junge Frau kennenlernen. Sie heißt Sonja. Sie mag auch Reisen, wie Lukas. Aber sie will Europa kennenlernen. Das ist ein Problem für Lukas. Was kann Lukas machen? Er kann entweder mit Sonja durch Europa reisen oder in Serbien bleiben.

Ja, das sind meine Ideen. Aber diese Idee kann ich sowohl in Lateinschrift als auch in kyrillischer Schrift schreiben.

10. Schreibe die ganze „azbuka" auf Kyrillisch – Blockschrift, Blockschrift in Kursiv und Schreibschrift! – Napiši azbuku na ćirilici – štampana slova, štampana kosa slova i pisana slova!

AZBUKA

	A	B	V	G	D
Blockschrift	А а	Б б	В в	Г г	Д д
Blockschrift in Kursiv	*А а*	*Б б*	*В в*	*Г г*	*Д д*
Schreibschrift	А а	Б б	В в	Г г	Д д

	Đ	E	Ž	Z	I
Blockschrift	Ђ ђ	Е е	Ж ж	З з	И и
Blockschrift in Kursiv	*Ђ ђ*	*Е е*	*Ж ж*	*З з*	*И и*
Schreibschrift	Ђ ђ	Е е	Ж ж	З з	И и

	J	K	L	Lj	M
Blockschrift	J j	К к	Л л	Љ љ	М м
Blockschrift in Kursiv	*J j*	*К к*	*Л л*	*Љ љ*	*М м*
Schreibschrift	J j	К к	Л л	Љ љ	М м

	N	Nj	O	P	R
Blockschrift	Н н	Њ њ	О о	П п	Р р
Blockschrift in Kursiv	*Н н*	*Њ њ*	*О о*	*П п*	*Р р*
Schreibschrift	Н н	Њ њ	О о	П п	Р р

	S	T	Ć	U	F
Blockschrift	С с	Т т	Ћ ћ	У у	Ф ф
Blockschrift in Kursiv	*С с*	*Т т*	*Ћ ћ*	*У у*	*Ф ф*
Schreibschrift	С с	Т т	Ћ ћ	У у	Ф ф

	H	C	Č	Dž	Š
Blockschrift	Х х	Ц ц	Ч ч	Џ џ	Ш ш
Blockschrift in Kursiv	*Х х*	*Ц ц*	*Ч ч*	*Џ џ*	*Ш ш*
Schreibschrift	Х х	Ц ц	Ч ч	Џ џ	Ш ш

Serbisch lernen

Stand August 2023

Level A1

Snežana Stefanović: IDEMO DALJE 1 – Lesebuch
Taschenbuch, E-Book, Hörbuch, interaktives E-Book mit Hörtexten

Snežana Stefanović: Vokabeltrainer A1 zum Buch IDEMO DALJE 1
Taschenbuch & E-Book

Snežana Stefanović: SERBISCH: Einfache Sätze 1
Taschenbuch, E-Book, Hörbuch, interaktives E-Book mit Hörtexten

Snežana Stefanović: SERBISCH: Einfache Sätze 2
Taschenbuch & E-Book

Snežana Stefanović: Serbisch Kyrillisch lernen
Taschenbuch & E-Book

Snežana Stefanović: Trifun i mali fudbaleri – Kurzgeschichte
Taschenbuch & E-Book

Snežana Stefanović: IDEMO DALJE 2 – Lesebuch
Taschenbuch, E-Book, Hörbuch, interaktives E-Book mit Hörtexten

Level A2

Snežana Stefanović: IDEMO DALJE 3 – Lesebuch
Taschenbuch & E-Book

Snežana Stefanović: SERBISCH Witze und Anekdoten 1. Teil
Taschenbuch & E-Book

Snežana Stefanović: SERBISCH Witze und Anekdoten 2. Teil
Taschenbuch & E-Book

Level A2 – B1

Snežana Stefanović: IDEMO DALJE 4 – Lesebuch
Taschenbuch & E-Book

Level C1

Snežana Stefanović: Vreme – Zeit, Wetter – Kurzgeschichten
Taschenbuch & E-Book

Besuchen Sie unsere Webseite

www.serbisch-lernen.com

und erfahren Sie mehr über die Serie „Serbisch lernen" sowie über fortlaufende Veröffentlichung neuer Bücher